ゆるめる準備

場にいい流れをつくる45のヒント

川田裕美
Kawata Hiromi

朝日新聞出版

はじめに

数多《あまた》ある書籍の中から本書を手に取っていただき、ありがとうございます。

私なんかが偉そうに仕事の仕方を語るつもりはまったくありません。まだまだ試行錯誤しながら、もがきながら進んでいる最中です。

ただ、アナウンサーという職業に就いたからこそ感じられたことや、テレビ業界の第一線で活躍されている方々から学んだことは、ぜひみなさんにお伝えしたい。そういった思いからこの一冊ができあがりました。

みなさんは自分がまわりにどう見られているか気になったことはありますか？一度もない！という方はかなり少ないのでは……と想像します。私も思春期を迎えたあたりから、特に気になり出したことを覚えています。

まずは見た目。髪の毛がクセでウェーブがかっていることが嫌で、セットが上《う》手《ま》くいかないと学校に行きたくない日がありました。

　そして性格。ほんとうは真面目で曲がったことが嫌いなのに、そんな自分を出すのが恥ずかしくて、わざと校則違反ギリギリの制服の着方を探したり、眠くないのに授業中に寝たフリをしてみたりしました。いまとなっては、「誰もそこまで私のことを見ていない」とわかるのですが、当時はそんなことを毎日考えていて、とてもしんどかったように思います。

　そんな私が、何百万人もの人の目にさらされる仕事を選んだのですから、不思議です。当然、「視聴者のみなさんや共演者の方々からどう見られているんだろう」がつきまとい、学生時代の比にならない苦悩が押し寄せました。

　特に悩んだのは、「自己評価」と「他者評価」。自分が思う自分と、まわりから言われることが、どうも一致しないのです。私の場合、ここに大きな違和感があり、苦しみました。

　本書では、このような悩みや壁にぶち当たったことも、包み隠さず書いています。そして、心を動かしてくれた体験も。

タイトルの「ゆるめる準備」というのは、自分自身も、一緒にいる人も、場の空気も「ゆるめる」ことを指しています。「だらける」わけではありません。

そして、準備をしているからこそ、「ゆるめる」ことができる。仕事も就職活動も学校生活も、自分が納得できるくらいの準備をしていればゆるめる余裕もできてきます。

「ゆるめる」ことができると、柔軟な発想がしやすくなったり、思いやりのある、あたたかい空気が流れたり……。挙げるとキリがないほど、「ゆるめる」ことで得られるものは、私の想像をはるかに超えていたのです。

本書は「きりっと!」と「ゆるっと。」の2部構成になっています。これは、私自身がどちらの顔も持っていて、どちらも同じくらい大切だと感じているから。

みなさんにも思い当たる部分があるのではないでしょうか。

テレビ番組は緻密な計算のもと、作られています。ロケもスタジオ収録も、さまざまな企画と想定台本をベースに進められます。

ただ、その通りにならないのがおもしろいところ。出演者もスタッフも、「ゆるめる」ポイント、いわゆる〝アドリブ〟をうまく使うことで、想定台本を超えようとするのです。

時として生まれる、思いもよらない展開。

作り手全員が驚くような着地。

それは「ゆるめる」余裕によってもたらされている気がしています。そして、これは番組作りに限ったことではないと思うのです。

メリハリをうまくつけながら自分の良さを引き出し、さまざまなビジネスシーンやコミュニケーションの場で活用するひとつの材料にしていただけたらうれしいです。

川田裕美

Part 1 きりっと!

Chapter 1 見えない〝空気〟を感じとる

相手を観察しながら自分を変えていく 16
生放送は瞬時の対応力を鍛える場 23
ブラマヨさんから教わったとっさの判断のキモ 29
〝視点〟の種類をどんどん切り替える 34

加藤浩次さんのように、どこまでも自分に正直に 41
〝初出演で発言全カット〟から得たもの 47

Chapter 2 きちんと伝えられる人であるために

不安や恐怖は消し方が必ずある 51
「嫌われているのかも」を疑う 58
前任者を徹底的にコピーする 64
〝私の武器〟はほんとうに武器になってる？ 68
血が通っている有働アナの言葉 72
「自分の出し方」を調整する 76

Chapter 3
現場での吸収力を300％に

インタビュー前に100個の質問を準備する 81
仕事のあとはフィードバック行脚が最強 88
ルールや枠の前に、まずは感覚を研ぎ澄ます 92
第一線を走りつづける方に共通するもの 97

Chapter 4
恥ずかしくても、苦手でも、やってみてナンボ！

他人や世間の基準じゃなく、自分らしく闘えばいい 100
ここぞというときは、思い切ったアピールで 107
大先輩の胸を借りるときは「短くスパッと」が原則 113
融通がきかないと言われても筋は通したい 122
スキップを真剣に全力でする意味 126
宮根誠司さんに学ぶ、遊びにも手を抜かない生き方 132

Part 2

ゆるっと。

Chapter 5 ストレスとはぼちぼちつきあう

泣きたいときは泣けるだけ泣きたおす 140
無理して仲良くしない 146
後輩を叱るのは先輩の役目？ 151
「よし来た！」のときは、〝ブレーキ〟を壊す 155

Chapter
6 まわりの人をちょっとアテにする

どんどん人を頼ろう 158
準備をしないで、仲間に身をゆだねる 163
情報を寸止めして質問を誘う 167
常に挑戦者はしんどい。〝ホーム〟になる仕事は手放さない 173
最初はできなくてあたりまえ 177
上地雄輔さんは〝なごませ王〟 181

Chapter
7 好きなことは「好き」と言う

「やりたいこと」を遠慮しない 186
人生の大事な決断は、自己中で 191

あえて空気に漂うものを汲まない 196
私の手土産ルール 203

Chapter 8 自分を決めつけたらつまらない

〝理想の私〟と違っていい 206
テクニックよりもハート！ 211
自分の未来を考えすぎても仕方ない 214
向き不向きを決めつけない 218
どんな自分も否定しない 222

Chapter
9
人生は変わっていくからおもしろい

天性の才能がなくても悩まない 226
「ほめられたらうれしい」って思っていい 232
自分の仕事を好きになる方法 235
変わっていく自分を味わう 238

ブックデザイン／原田恵都子（Harada+Harada）
編集協力／猪俣奈央子
表紙写真／加藤夏子（本社写真部）
スタイリスト／イケガミジュンコ
ヘアメイク／井生香菜子
マネージメント／杉本悠太（セント・フォース）
校閲／くすのき舎

思い切る、
謙虚に耳を傾ける、
観察する、
念には念を入れる。

Part 1

きりっと！

Chapter 1

見えない〝空気〟を感じとる

相手を観察しながら自分を変えていく

私は、番組の進行アシスタントの仕事が大好きです。おかげさまで、会社員時代も、フリーになってからも、メインMC（司会）をサポートするこの役目を任せていただく機会に恵まれています。

進行アシスタントのおもしろさは、番組の目指すところや雰囲気とメインMCによって、対応の仕方が変わること。ここが難しいところであり、醍醐味《だいごみ》を感じるところでもあります。

たとえば、東野幸治さんは、一人ですべてできてしまう方です。極端な言い方をすると、アシスタントのアナウンサーが必要ない方。

「番組スタッフが用意する手元資料よりも、詳しいのでは？」と思うくらい、とにかく物知り。さまざまなジャンルのテレビ番組や映画を観て、本もよく読まれているので、番組内で紹介する情報やゲストについても熟知されています。

ご一緒しているバラエティ『1周回って知らない話』（日本テレビ系列）でも、テンポよく、どんどん進行していきます。そんな東野さんの横にいて、「私が番組のためにできることってなんだろう」といつも考えています。

アシスタントとして番組を担当するときに大切にしているのが、MCの方をよく観察すること。あるとき、東野さんは収録中に、ほんの少し身体《からだ》をこちらに傾ける瞬間があることに気づきました。ゲストとのトーク中は基本、相手をまっすぐ見ていらっしゃるのですが、時折少し私のほうを向くような瞬間があるのです。

その仕草をされるタイミングに共通点がないか観察を続けると、東野さんが、ゲストに聞きたいことをひととおり聞いて区切りをつけるとき。

次の話題に移る際に、ひと息ついたり、頭を整理したりするのは誰もが必要なことです。東野さんにとっての〝切り替えポイントになる時間〟をつくれたらと考え、東野さんが身体を傾けた瞬間、そこまでの流れとは少し角度の違う質問をしたり、私なりの視点で感じたことをコメントするようにしました。

東野さんは、2時間の収録で水を口にされることさえ滅多になく、何時間でもしゃべりつづけられる方なので、一瞬の隙を見逃さないように気をつけています。

ゲストのお話はもちろんですが、視聴者のニーズを考えると東野さんのパーソナルな部分も聞きたいところなので、そのときの話題にあわせて「東野さんだったらこういうとき、どうしますか？」というふうに、MCの人柄を知っていただけそうな質問も心がけていきます。

2016年に放送された、ナインティナイン・岡村隆史さんがメインMC、私がアシスタントを務めた特番『岡村隆史のスポーツワイドショー』(フジテレビ系列)では、これとは、まったくスタイルが違いました。

本番前にご挨拶にうかがうと、岡村さんが「今日は、川田さんの好きなように進めてもらって大丈夫です。僕の話に割って入ってくれていいし、僕を待たないでどんどん進行していいので」とおっしゃったのです。

MCの方によって、どんなサポートを好むかはまったく違います。岡村さんの場合は、ご自身がやりやすい形を伝えてくださったので、お言葉に甘えて、その通りに進行させてもらいました。

レギュラー番組のときは、どんどんブラッシュアップしていくために、MCの方の話す内容・方向性・スピード・好みなどをよく観察して、どんなサポートの仕方が最適かを探っていきます。

実際にやってみて、反応を見つつ、少しずつ軌道修正していくイメージです。

ためらわずに相手の懐に飛び込んだほうがうまくいくときもあれば、まずは進行に徹して、少しずつ距離を縮めていくほうがいいケースもあります。MCの方が安心して、最大限に力を発揮できる場をつくるのが私の役目だと考えています。

当然、すべてがうまくいくわけではありません。これまで、たくさんの失敗も経験してきました。

坂上忍さんがMCを務めていた番組『好きか嫌いか言う時間』（TBS系列）に、後任のアシスタントとして入り、初めて収録したときのことです。一般の方が50人近く出演されて、あるテーマについてトークバトルを繰り広げるという番組で、一つ目のテーマが大いに盛りあがりました。予定の時間を大幅に超えてもなお、出演者の誰もが「私も話したい！」という雰囲気です。

私は、その日に予定されているテーマがまだ複数残っていて、心配になってきていました。そこでディレクターからの「次の話題へ！」という指示を見た瞬間、「では続いて……」とこれまでの流れをブツッと切り、次のテーマに移ろうとしてしまったのです。すると、案の定、坂上さんが「ちょっと待って！」とストップをかけ、話題を戻されました。

ああ、そうだよなあ。まだ話し足りていない現場の雰囲気を私自身も感じていたのに。いまじゃないとわかっていたのに、あやふやな気持ちで先に進めてしまった……。

その日は大いに反省しました。中途半端な気持ちで決断してしまうと、うまくいくはずがありません。私がしたことは、進行のアシストどころか、現場の流れを寸断しただけでした。

初回で緊張もしていて、落ち込みそうにもなりましたが、私はいま、自分に集中している場合ではない、と気を取り直しました。

出演者50人を相手に現場を仕切っているのは坂上さん。まずは坂上さんをよく見よう。そして、現場の空気をしっかりと感じることに徹しました。

次の収録以降もこのことを心がけていくと、坂上さんと視線を合わせながら徐々にスムーズに進めていけるようになりました。坂上さんからも「ほんとうによく見てくれているから、すごく助かる」と言ってもらえたのです。

自分が何を求められているのか、判断がつかないとき。どう対応するのがベストなのかがわからないとき。相手に聞いてみることはもちろん、人や現場を「よく観察する」のがおすすめです。

〝自分が何をすべきか〟のヒントは、自分よりもまわりが握っています。

職場の同僚や一緒に仕事をしている相手をよく観察することで、見えてくるものがあるはずです。

Essence
きりっと
エッセンス

- 仕事仲間や現場を観察すれば、自分が何をすべきかが見えてくる。
- 小さなことでも、人の感情・行動の変化を見つければコミュニケーションがラクになる。

生放送は瞬時の対応力を鍛える場

生放送は、収録とはまた違ったプレッシャーがあります。

読売テレビで『情報ライブ ミヤネ屋』を担当していたとき、その緊張感に押しつぶされそうになったことが何度もありました。本番前にトイレから出られず、何十分も個室の中で閉じこもってしまったことも。

本番中はアドレナリンが出て心拍数が上がり、終わるとドーンと下がる。そんなジェットコースターのような日々。楽しさも不安もやりがいも厳しさも、ぎゅっと凝縮された仕事場でした。

生放送は内容だけでなく時間管理が重要になってきます。流す時刻が決まっているCMもいくつかあるので、どのコーナーにどれだけの時間をとるのか、事前に細かく決めておきます。

とはいえ、話が盛りあがったり速報のニュースが入ってきたりして、時間がずれていくのは日常茶飯事です。

次のコマは、「VTR3分・スタジオ展開2分の計5分」の予定だったけれど、前が押してきて、4分しかないというような状況が頻発します。そのようなときは、「VTRは切れないからスタジオ2分の尺を1分に変更しよう。いま手元にフリップが5枚あるけれど、順番を変えて、3枚に減らして……」というふうに即座に構成を考え直します。

急な変更が必要になったとき、タイミングよくCM中に「どのフリップにしますか？1と2と3にしますか？　それとも1と4と5にしますか？」などとディレクターと話し合えたらまだいいほうです。ほとんどの場合はオンエア中、私がカメラに映っていない隙を狙ってディレクターが駆け寄ってきてサッと話し合ったり、その時間さえもないときは「1と4と5でいきます！」と口パクで確認したりしていました。

司会の宮根誠司さんに「次はコレを出しますね」とテーブルの下でフリップを見せることも。アイコンタクトや合図を送り合いながら、時間を守りつつも、わかりやすく重要な部分をお伝えできるように工夫していました。

テレビを観ているとアナウンサーは立っているだけに見える瞬間があるかもしれません。ですが実際には、画面に映っていないところでさまざまな対応をしています。

ＶＴＲを見ている間にも、映像に出てきた地名や人数、読み間違えやすい名称などをメモ。スタジオでそのＶＴＲについて会話がはじまったら、司会者から見えやすい場所にそのメモを貼っておいて、いざというときに役立ててもらうこともあります。

専門家やゲストのお名前も、司会者は当然覚えてはいるのですが、人間誰しも突然出てこなくなることがあります。「今日の専門家の方は、この番組に出演するのは初めてだな」「司会者とはあまり親交のないゲストかも」と察したときには、お名前をメモに書いておいて、見える場所に貼っておくこともありました。

また、スタジオでのやりとりを見ていて、「さっきの説明だと、視聴者に誤解されてしまうかもしれない」と感じたら、タイミングをはかって、それとなく説明を付け足したりします。発言した共演者の気持ちを害さないように気をつけながら、見ている方が「さっき言っていたのは、そういう意味だったのか」と誤解を解くことができるようなひと言を付け加えられたときは、ホッと胸をなでおろします。

一つひとつはとても小さなことの積み重ねで、誰からも気づかれません。

ただ、ちょっとしたことでも、MCの方がやりやすいと感じてくださったり、番組の中身が濃くわかりやすいものになったときは、充実した気持ちになり、やりがいも感じられます。

以前、番組ディレクターに「今日の放送中、話がすごく盛りあがっていたけど、そろそろ次に行ってほしいなっていうときに川田がいい感じで入ってくれて、助かったよ！」と言われたことがありました。無理のない進行もアシスタントの大事な役割なので、うれしいのと同時に、「必ず次も」と身が引き締まる思いでした。

私の場合、番組のテーマとは関係のないところで話が盛りあがっていたら、ひとまず、それをしばらく見守ります。私が視聴者だったら、そういうときほど気になって見ていたくなるからです。「うわ〜！　まったく違うほうに話が展開していった！」と、まるでお茶の間にいるような気持ちで笑いながら見ています。スタジオが盛りあがって脱線していくときは、まずは自分も楽しむこと。

ただ、盛りあがっている場をよく観察していると、「そろそろかな？」という雰囲気がにじみ出てくるもの。そんなときは、すかさず会話に入っていって、「それ、全然関係ないですよ！」と思い切って言ってみます。

また、無理に話を断ち切るのではなく、「いま、こういう話がたくさん出ていましたが、反対に○○の場合はどうでしょうか？」と繫《つな》ぎながら、話題を変えていくときもあります。

ここでもやはり、司会者・出演者の様子をじっくり見て、刻々と変化する現場の空気を感じとることが判断を助けてくれます。

「どうやったら、とっさの判断が的確にできるようになるんだろう」と考えたこともありましたが、考えるほどに上達に近道はないと実感しました。失敗しながら、経験を積み重ねていくしかありません。

いちばん良くないのは、うまくいかないかもしれないからという理由で、判断することから逃げて、ほかの出演者にすべてをゆだねて、何もしないこと。

もし、自分が判断を間違えたら、きっと誰かが正してくれます。まわりの方々を信じて、思い切ってやってみることのほうが大切だと、あるときから思えるようになりました。

失敗したなと思ったら、次はやり方を変える。うまくいったことは「まぐれ」にならないよう、もう一度やってみる。その経験がとっさの判断力を磨いてくれると信じています。

Essence きりっと エッセンス

- 仕事とは、人には気づかれないほどの小さな工夫を積み重ねていくもの。
- とっさの判断にノウハウはない。経験を繰り返すことがいちばんの近道と心得る。

ブラマヨさんから教わったとっさの判断のキモ

小杉竜一さんと吉田敬《たかし》さんのお笑いコンビ、ブラックマヨネーズさんとは、読売テレビに入社して3年目のタイミングで、『マヨブラジオ』という情報トークバラエティ番組でご一緒させていただき、大変お世話になりました。

この番組では、自分自身の立ち位置をどう考えればいいか、ずいぶん悩みました。

番組のオープニング、ブラマヨさんと私の3人でフリートークをする時間が20分ほどあったのですが、言うまでもなく、お二人の話をみんなは聞きたいわけです。きっと私はいなくても構わない存在。そんなふうに感じていましたが、何もしゃべらずに、ただ座っているわけにもいきません。

そこで、まずは、収録中だけでなく、お二人と会話する機会を増やしました。初めてレギュラー番組をご一緒する私が、長年コンビとして活動されているお二人とともに画面に映っていても違和感なく、3人での会話が自然になるようにしたかったからです。

本番直前にご挨拶をするのではなく、打ち合わせ前の時間やメイク中の時間も雑談させてもらいます。なにげない会話のやりとりから、お二人の新たな一面を発見することもありました。

たとえば、吉田さんはニュースをよく見ていて、社会の動きに関心が高いことを知りました。「今日、『ミヤネ屋』で○○について解説してたよな。俺は聞いてててこう思った」などと話すことが多かったのです。

吉田さんは、いまでこそ情報番組のコメンテーターをされていますが、当時出演されていたのは、バラエティのみでしたから、知られざる一面でした。

お二人との関係が深まっていくと、本番でも小杉さんや吉田さんが考えていることを少しずつですが感じられるようになっていきました。何かを思い出しながら話されていたり、切れ目なく言葉が出ていたりというような、目の動きや話し方を見て、「いまはトークに集中されているな」と思ったら、すっと自分の気配を消すようにしたり、お互いを見ながらかけ合いをしていて、「ここは二人だけの会話のほうが盛りあがる」と感じたら、いち視聴者になって笑っていたり。

「お二人とは違った目線のコメントがあったほうがいいな」と感じたら、自分の考えも発言していくようにしました。

こうして私は私なりに、自分の役割や立ち位置を徐々に見つけていくようにしました。お二人の空気を壊したくない一心でプレッシャーを感じながら、一緒に番組をつくっていく日々。現場の雰囲気を見ながら、前に出たり一歩引いたりする感覚は、ブラマヨさんとのやりとりを通じて掴《つか》んできた気がします。

『マヨブラジオ』の収録では、忘れられない、こんな出来事がありました。

いつものように3人でトークをしていたときのこと。あるテーマに対して、小杉さんがまず話をし、続いて吉田さんにバトンタッチして笑いで終わるという構成になっていました。小杉さんのあとに、吉田さんに話を振るのは、『マヨブラジオ』では恒例の流れです。

私としては、いつも通りお二人それぞれにポンポンと短めに話をしてもらうつもりだったのですが、小杉さんが長めにお話をされて、その話がめちゃくちゃおもしろかったのです。現場がドッと沸いて、スタジオが笑いに包まれました。

私は内心、焦りました。

「これは……、もう、場が締まっちゃった(良い雰囲気でまとまった)かも……」

当然、吉田さんは、なにかしらの話を用意されているはずです。予定通りに、吉田さんに話を振るべきか。きれいに終わったから、見送るべきか。台本を無視して、吉田さんに振らなかったら、吉田さんの話をつぶすことになってしまう……。

ものすごく迷いました。時間にすると1秒ほどですが、迷って、迷って……でも結局、私は、吉田さんに話を振らないことにしたのです。

「ハイ、OKです」——ディレクターから声がかかった瞬間、吉田さんに「すみません!」と謝りました。

「ほんとうは吉田さんに話を聞く予定だったんですけど……」

すると「いやいや、あの判断でよかったよ。俺も、ここで終わってくれたら最高やなって思いながら聞いていたから。さすがやわ」と言ってくださったのです。

その言葉を聞いたとき、一気に不安から解放されました。

台本を無視した勝手な判断をして、吉田さんの話す機会を奪ってしまったのではないかと自分の判断に自信が持てずにいたのですが、吉田さんは自分の話より番組全体のこと、視聴者が楽しんでくれることを最優先に考えているのだとわかりました。

この経験は、自分の選択に自信が持てず、安全策をとろうとしてしまったときに必ず思い出します。

Essence
きりっと
エッセンス

- チームで仕事をするときは、メンバーとたくさん会話して、自分の役割を見つける。
- 〝シナリオ〟通りにいかないときは、「いちばん大事なことは何か」から逆算して判断する。

“視点”の種類をどんどん切り替える

いまでこそ、仕事仲間の感情を想像したり、言われる前に気づいて行動したり、現場の雰囲気を察知しようと徐々にできるようになってきましたが、決して、昔から得意だったわけではありません。むしろ、その逆。幼少期や学生時代は、ほかの人がどう考えているかなど気にせずに、自分の言いたいことは言う。そのことで、まわりを困らせたり、あきれさせたりということもありました。

いま思えば、その頃からの延長のように思うのですが、読売テレビの新人時代に、大失態を犯したことがあります。

30年近く続く関西ではおなじみの情報バラエティ番組『大阪ほんわかテレビ』に出演しはじめたころの話です。私が担当していたのは、スタジオでの映画紹介コーナー。映画の情報はひととおり予習して台本に沿って説明していたのですが、あるとき、プロデューサーにこんな指摘をされました。

「川田は、みんながパスを出してくれているのに、まったく気づいていない。全部受けずに、はたき落としているぞ。それに気づいているか？」

そんな自覚はまったくなかったので、そう言われても、あまりピンとこない私。

そこで、映像編集の部屋に呼ばれ、ラッシュという編集前の映像を見ることになったのです。

プロデューサーと一緒に、それを見て、愕然《がくぜん》としました。

そこには、しゃべるだけでいっぱいいっぱいになって、まわりがまったく見えていない私がいたのです。

『大阪ほんわかテレビ』のスタジオには、笑福亭仁鶴《しょうふくていにかく》師匠や間寛平《はざまかんぺい》さん、笑福亭笑瓶《しょうへい》さん、ほんこんさん、島崎和歌子さん、中川家さんなど錚々《そうそう》たる方々がズラリと並んでいます。

私が映画紹介をしているあいだ、寛平さんが映画のタイトルでボケたり、中川家の礼二さんが「なんで、そんな展開になったん？」と質問してくださったりと映画コーナーを盛りあげ、サポートしてくれているのです。

それなのに私は、まったくその言葉が聞こえていない様子。まわりが見えていません。苦笑いしながらほかの方々の話を流し、むしろ「いろいろ言わないでほしいなあ」という表情です。

「私、こんな態度をとっていたんだ……」とショックでした。

なぜ、スタジオでまわりの方々の声が聞けないのだろう。そう考えたときに、思い至ったのは「事前準備の甘さ」です。

覚えた内容を説明することに一所懸命になっているから、まわりを見る余裕がない。みなさんの〝フリ〟（相手に何らかのおもしろい反応を期待して、球を投げるような発言・声かけをすること）を受けることができず、反応できない。そもそも、会話が成り立っていないのです。

そんな自分の姿を目の当たりにして、これからはスタジオでの生のやりとりに集中するために、前もって決まっていること、わかっていること、想定できることについては事前に完璧に準備しておこうと決めました。

紹介する映画を何度も見る。何を質問されても答えられるように下調べする。ほかのトークで盛りあがったとしても最低限伝えなければならない内容を吟味しておく。スタジオ展開を想定して練習をする。とにかく「準備」の時間を増やしました。

入念な準備をしておけば、スタジオでは、「現場を感じること」に集中できます。共演者の表情を見て、動作を見て、言葉をしっかりと聞くことができる。

「私の担当コーナー」ではなく、「みなさんと一緒につくるコーナー」なのだと、意識を切り替えました。

刻々と変化する場の状況や、そこにいる多くの人たちの感情を汲《く》んでいくことは、簡単ではありません。むしろ、すべてを把握することはできないという前提で考えたほうがいいと思います。わかっているつもりになるほうが怖いからです。

ただ、できるだけ事前に準備をして、自分に〝余白をつくっておく〟ことで、自然とまわりに目が向くようになった感覚がありました。

現場の空気をつかむために、私が意識しているのは、いろんな視点を持つことです。「ピンポイントの狭い視点」「全体を俯瞰《ふかん》する視点」「自分自身を客観的に観察する視点」……。一つの番組内で、こういったいくつもの視点を切り替えながら収録に臨むと、スムーズな進行ができる気がしています。

次の展開を予測しながら、MCをじっと見つめます。

そんなとき、突然「川田さんはどうなの？」と聞かれたら、次の進行を考えることをいったんやめ、視点をぐっと自分の内側に向けます。

そして、「私はこう思っていて」と話しはじめるわけですが、話の終盤に差しかかったところで、またスッと引いて全体を見渡します。

「私の話、長すぎないかな？ ゲストはどんな様子かな？」と鳥の目で確認するのです。

まるでカメラのように、ある対象にズームインしたり、ズームアウトしたり。さまざまな角度から見て、場の空気を感じるようにしています。

芸能界には、「周囲をつかむ達人」がたくさんいます。

私が憧れるのは、現場の状況を読みながら、自分の空気をつくれる人です。特別自分を前面に出していないのに、存在感を残せる人がいます。あまりしゃべっていなかったのにポンと放ったひと言がものすごく的を射ていたり、「あの人がいると雰囲気がよくなるね」と言われたり。

プライベートでも仲良くさせてもらっているモデルでタレントの佐藤栞里《しおり》ちゃんは、そんな一人。私の話を笑顔で聞いてくれて、会ったあとは彼女の存在感が私のなかに確かに残っているのです。毎回、「また今日も私ばかり話してしまった」と反省もするのですが……。

いつも栞里ちゃんに会うと、気持ちが明るくなり、またすぐに会いたくなります。どうしてかなと考えてみたら、栞里ちゃんから出る言葉は圧倒的にポジティブなものが多いのです。どんなことに対しても良い部分を見つけていて、それを口に出して表現する。自分の意見を主張しているわけではないのに、そういった言葉はまわりの人の心に残るのだと思います。

周囲を感じながら気配りをして、自分の空気もつくる達人です。

Essence

きりっと

エッセンス

- まわりのパスを見逃さないために、できる限り自分のことは前もって準備しておく。
- チームプレーでは、ズームインとズームアウトを繰り返して、自分の動きを考える。

加藤浩次さんのように、どこまでも自分に正直に

2021年3月まで約6年間続いたバラエティ番組『この差って何ですか?』(TBS系)では、メインMCの加藤浩次さんがつくられている雰囲気をつねに大事にしたいと考えて、収録に臨んでいました。

加藤さんは、担当されているほかの番組とは異なり、この番組ではあえて台本を読まずに収録に臨まれます。MCを務められていたフリーアナウンサーの赤江珠緒さんが産休に入るタイミングで、私がその役目を引き継いだのですが、後任の挨拶にうかがうと、加藤さんからこんなふうに言われました。

「俺、どんな順番で何をやるかを知らないの。今日の放送のために何のVTRが用意されているかも把握してないから、迷惑かけたら、ごめんね」

加藤さんやゲストのみなさんが自由に発言できるのが、この番組の魅力です。みなさん

のテンションやリズムを意識しながら、見ている方を置いてきぼりにせず、ちゃんと伝わることを第一に軌道修正しつつ進行していくのがアシスタントである私の役割。この番組は自由度が高いぶん、特にその難易度もとても高く、収録が終わると全身のエネルギーを使い果たしたように感じます。

ほかの番組同様、入念な準備は欠かせません。出演者の中で流れを把握しておくのは私だけなのでいちばん早くテレビ局に入り、スタッフとしっかり打ち合わせします。回を重ねるごとに、展開の予測が少し立てられるようになってきたので、

「ここはちょっと長く感じるかもしれないので、私の説明は削って、早めにVTRを流したほうがいいかもしれませんね」

「この部分は加藤さん、興味を持ちそうですよね。想定以上に時間がかかったら、どうしますか?」

など、気になる点は収録前の打ち合わせで解消するようにします。

場合によっては、収録中に番組の構成を変えていくこともありました。

たとえば、長尺になることをまったく想定していなかった部分で場が盛りあがったとき。準備していたVTRを削ってでも、流れを止めることはしません。加藤さんとゲストの方々の話をよく聞いて、現場の雰囲気を見て、随時フロアディレクターと合図を送り合いながら、その場で構成を変えていくのです。

こうした対応の中でお蔵入りするVTRもありますし、終了時刻がある程度決まっているので、その日収録する予定だった企画が1本まるごとなくなることもあります。

「その場の空気を大事にしよう」というのがこの番組の方針。信頼しているスタッフと目指すところが一致しているからこそ本気をぶつけられ、やりがいを感じるのです。

作り手の気持ちは、必ず番組に表れてきますし、見ている方々にも伝わるもの。それゆえに、出演者全員に本気でおもしろがりながら番組に参加してほしい。そのために心がけていたのは、誰の気持ちも置き去りにしないことです。

ディレクターから指示が出ていても、加藤さんが「うーん」と首をかしげていたら、時間的には次に進むタイミングでも先を急がずに待ちます。ゲストが何か言いたいような仕草をしていたら、「○○さんは、どう思いますか?」と話を振るようにします。

司会者や出演者、スタッフ一人ひとりの気持ちは番組に反映されます。その熱量を視聴者にも伝えたい。そう思うと目くばり、気くばりにも気合いが入ります。

この番組のアシスタントに決まったとき、加藤さんは怖そうな方だというイメージを持っていました。でも実際にご一緒させていただくと、ただただ、本当にすごい人だと尊敬するばかりです。

そのいちばんの理由は、加藤さんが、自分にどこまでも正直な人であるということ。出演者全員がAだと言っても、自分がBだと思えば、加藤さんはブレずに自分の考えをはっきりと伝えます。それは強情ということではなくて、そこにきちんと理由があるからです。

専門家の先生にも遠慮はしません。ちょっとした疑問や違和感をなかったことにせず、「先生、どうしてそうなったかを教えてもらえませんか」「もう少し、詳しく聞かせていただけませんか」などときっちり質問されます。

科学的根拠があっても、一生活者としての自分の感覚と違えば、「先生はそう言うけれど、僕自身の実体験からすると、どうも納得いかないんですよ」ときちんと言う。ご自身の疑問や違和感を解消するのと同時に、視聴者の〝ハテナ〟も代弁しているのです。また、せっかく、その道の専門家の方が出演してくださっているのですから、教えを乞うのは、プロフェッショナルの方への敬意でもあります。

そして、加藤さんのその姿は、見ている私たちにとって、かっこよくて、ときにチャーミングなのです。

この業界で、自分の意見を貫く勇気を持ちつづけるのは大変なこと。大多数の意見に流されない実直さと、自分の意見が間違っているとわかったときに「すみません。僕が間違っていました」と認める素直さ。私も見習っていきたいです。

Essence

きりっと

エッセンス

●〝主役〟を立てるべきときこそ、まわりを置き去りにしない。

●自分を必要以上に押し込めない。ただ、言ったことが間違っていたら素直に謝る。

〝初出演で発言全カット〟から得たもの

局アナからフリーになり、ゲストとして番組に呼んでいただく機会も増えました。

ゲスト出演に慣れていなかったころは、コメント一つするのも難しく、控えめになりすぎて、何もしゃべることなく終わってしまうこともありました。

なかでも『踊る！さんま御殿!!』（日本テレビ系列）に初めて出演したときは、口から心臓が飛び出しそうとはこのことかと思うほど緊張しました。学生時代から観ていた番組ですし、あの明石家さんまさんが私の話を聞いていると思うだけで倒れそうでした。しかも、進行のテンポも速く、そのスピードについていくだけで必死だったのです。

「この人とは仲良くなれないと思った瞬間」というようなテーマで一人ずつ話していったのですが、ほかのゲストが話したエピソードに対して、さんまさんが「川田はどう思う?」とたずねられました。

まったく予想していなかったときにパスがまわってきた私は焦りました。そこで、とりとめもない話を長々としてしまったのです。話している途中で、「あ、これは、マズイ」「なんの話をしているのか、自分でもわからなくなってきた」と危険ランプが点灯しはじめて……。でも、人間って不思議なものです。内容のない話をしていると自覚すればするほど、さらに言葉を重ねて、どんどん話が長くなってしまうのです。

当然ながら、私のトークは全カット。

その日の放送を見たら、私は、ただ座って頷《うなず》いているだけでした。

あの場合はどうすればよかったのか。次からはどう改善すればいいのか。まったく見当もつかなかった私に番組プロデューサーがかけてくれたのは、『さんま御殿』は、チームプレー」という言葉でした。

「『さんま御殿』は、出演者全員がチームメンバー。自分だけが目立とうとか、〝今日はこの話を絶対にしよう〟とか考えていたらうまくいかない。まだ力がないときに無理におもしろいことをしようとしても番組をかき乱すだけ。悪いほうに空振りしてしまう。前に出ていこうとしなくても、さんまさんがすべて受け止めて、おもしろくしてくれるから。そう焦らずに、さんまさんに任せたらいいと思うよ」

番組づくりはチームプレー。

その言葉を聞いて、初心に返りました。ゲストだからといって、個人として特別なことをしようとするよりも、むしろ司会者や共演者をよく見て、話を聞いて、場の雰囲気を感じることのほうが大切。番組アシスタントとしてやっていたことと同じだったのです。私がおもしろいことを言えなくても、おもしろい話をしている誰かをサポートし、番組全体を盛りあげることもできる。

振り返ってみれば、さんまさんに「川田はどう思う?」と聞かれたときに、私のエピソードを話す必要はなかったのだと思います。何か人と違うことを話さなきゃと焦ってしまったわけですが、これがまわりを見ていない証拠。

「私は、○○と思います」ぐらいのひと言を返すのが適切な選択だった気がしています。なぜなら、まだほかのゲストの方がお話しされているエピソードの途中だったので、私がひと言、ポンと答えれば、その方のお話にスムーズに戻れたのです。

このことに気づいてから、ゲスト出演も少しずつ楽しめるようになりました。

どの番組も、自分一人で点をとろうとするのではなく、チーム全員で点をとりにいけばいい。場の展開に応じて役割分担をしていけばいい。いい番組づくりにはチームワークが肝心だと身をもって感じたからです。

Essence
きりっと エッセンス

- 初心者なら、いきなり一人でヒットを打とうとしない。まずはサポートから。
- 失敗したときは、自分の言動のその先にどんな展開がありえたのか、振り返ってみる。

Chapter 2 きちんと伝えられる人であるために

不安や恐怖は消し方が必ずある

『情報ライブ ミヤネ屋』を担当するようになったのは2011年4月。読売テレビ入社6年目に入るタイミングでした。アナウンス部長から「森若佐紀子アナウンサーが産休に入るから、川田に後任をお願いしたい」と告げられたのです。思いもよらない打診。「なぜ、私なのだろう」と戸惑いました。

お昼2時間の生放送。読売テレビにとっても、日本テレビ系列にとっても大切な全国ネットの番組です。プレッシャーによる怖さと、それまでに担当していた番組を離れなければならない寂しさのほうが、うれしさより大きかったのが正直な気持ちでした。

番組を担当するようになってからしばらくは、不安と緊張がなくならず、落ち込んでばかりいました。宮根さんともうまく連携がとれず、宮根さんが求めていることに応えられていない感覚があったのです。

生放送には慣れていると思っていましたが、大いなる勘違いでした。台本と少し違う流れになると焦ってしまう。私がもたもたしていると、宮根さんがさっと代わりに読んでくださったり、私のほうに近づいてきて、自ら必要なフリップを出してくださったり……。

当時の私は、番組全体を俯瞰で見る力も、しっかり宮根さんを見てアイコンタクトをとる余裕もなかったので、まったく役割を果たせていなかったと思います。

どうして、こんなにうまくいかないのだろう。

なぜ、不安な気持ちが消えないのだろう。

気持ちを落ち着けるために、本番ギリギリまで原稿を読み直したり、トイレで一人になって深呼吸をしたり、ドキドキしているのを抑えるためにアロマオイルの香りをかいだりもしましたが、その場しのぎにさえならないほどの状態でした。

不安の原因はどこにあるのか。突き詰めて考えていくと、初めての全国ネットということで何千万もの人に見られている緊張感はもちろんなのですが、本番前になっていつも、「どの順番だった？」「あれって、どういう意味だった？」と焦って確認したり、調べたりしている自分に気がつきました。

この不安感を減らすためには、「直前にバタバタしなくていいくらいに準備をするしかない！」と結局は同じところに戻るのです。

本番前に入念な準備をするために生活スタイルを見直しました。朝5時半に起きて、軽く家の近所をランニングして、頭と体を起こします。ニュースを見ながら出社準備をして、朝八時にテレビ局入り。そこから新聞十紙ほどにザッと目を通します。9時からチーフプロデューサーや総合演出、チーフディレクターが集まり、放送予定を確認する立ち会いと呼ばれるミーティングに参加。昼12時頃に宮根さんがいらっしゃるので、5分ほどの簡単な打ち合わせ。本番がはじまる14時まで、個別にスタッフとの打ち合わせを行います。

転機になったのは、この番組のスタッフがいる報道フロアに自席を設けてもらったことです。私のデスクはアナウンス部にあったのですが、読売テレビの場合、アナウンス部と報道部は階が違い、離れています。アナウンス部の自席で新聞を読んだり、準備をしたりすることもできるのですが、そうすると本番直前まで報道フロアの様子がまったくわからないのです。

少しでも長くスタッフと一緒にいて、番組がはじまる前に情報を集めるにはこれしかないと思い、番組担当後3カ月目に、「報道フロアにも自席を設けてほしい」と報道部長と番組プロデューサーにお願いしました。報道フロアはすでに席が埋まっている状態でしたが、私の気持ちを汲んで、その日のうちにデスクを設けてくださったのです。

午前中から報道フロアにいると、世の中の動きが、肌身で感じられます。「いつもよりフロアがざわついているな」「何か大きなニュースが入ったのかな」と早めに気づくこともできるようになりました。特にお昼はさまざまな動きがある時間帯。記者会見を生中継したり、裁判の判決を速報で伝えることもあり、ニュースの内容によっては、その日の放送予定が大きく変わります。今日、このニュースが入りそうだと知れば、番組がはじまる前に、関連の情報をチェック。急遽番組の構成が変わるときは、ＶＴＲやフリップを大忙しで作るスタッフの近くで、邪魔にならないように、刻々と変わる情勢を確認したりしていました。

『ミヤネ屋』は大所帯のチームです。スタッフの人数は１００人以上。報道フロアに席を設けたことで、以前はほとんど接することのなかったスタッフも話しかけてくれるようになりました。

「確定原稿ではないけど、ほぼ変わらないと思うから、先に見ておいて」

そう言って、原稿を渡してくれることもありました。事前に読めることが、どれほどありがたかったか。以前は、本番直前にできあがる確定原稿のみを読んでいたので、内容を理解するための時間が圧倒的に足りていなかったのです。

報道フロアにいることで準備に割ける時間が長くなり、理解が浅いところは、ディレクターの席に行って質問。徐々に報道フロアの雰囲気にも慣れ、自分も番組の一員として動けている感じがしてきました。午前中に知り得た情報や新たに入ってきたニュースを、お昼に局に入った宮根さんに伝えられるようになったときは、うれしかったですね。

「自ら動く」ことで、まわりの人たちが協力してくれる。

漠然と「不安だ」「緊張する」「怖い」と、ぐるぐると悩みつづけていても事態は変わりません。

何をしたらこの不安を減らせるのかを具体的に考え、受け身ではなく、解決に向けて一歩踏み出してみる。その一歩が自分でも驚くほど状況を変えていってくれたのです。

「報道フロアに席をつくってほしい」と言うのは、少し勇気がいりました。前例がないので、無理かもしれない、厚かましいかな、みんな忙しいのに余計な手間もかけてしまう……。そんな心配もありましたが、即座に動いてくださった上司の様子を見て、番組をよくしたいという強い想いを持って働きかければ、協力してくれるのだと実感したのです。同じ志を持っているとわかれば、助けてくれる。少しの勇気が、恐怖や不安を払拭する力をくれるのです。

Essence きりっとエッセンス

- 必要な情報は、受け身で待たずに、自ら取りに行く。
- 自分が良いパフォーマンスを発揮できる状態をつくるために、必要なことは全部やってみる。

「嫌われているのかも」を疑う

入念に準備をし、スタッフとの意思疎通ができてきたことで、『ミヤネ屋』の本番中は、少しずつ緊張と不安がなくなっていきました。

宮根さんと連携がとれずにギクシャクすることも減っていったのですが、本番以外の時間で宮根さんと打ち解けるまでは1年半くらいかかりました。

宮根さん自身も「オレは、極度の人見知りだから」とよくおっしゃっています。

確かに、私のこれまでの人生で、宮根さんほどの人には出会ったことがなく……。

当初、宮根さんは、話をするときに私の目を見てくれませんでした。通常、番組をご一緒すれば、「どのあたりに住んでいるの?」「休みの日は何してる?」といった話になりそうなものですが、番組の進行に必要な連絡事項以外はまったく質問をされないのです。仲の良いスタッフには「昨日のあの番組、観た?」などと気軽にお話しされているので、「私に興味がないんだ」「もしかして嫌われているのかな」と感じたこともありました。一時期は、夢の中によく宮根さんがあらわれたほどです。親しくなりたいのに、どこかバリアのようなものを感じて、なかなか距離を縮められない。そんな毎日でした。

番組の進行をそつなくこなすだけだったら、宮根さんと親睦を深める必要はなかったのかもしれません。私がきっちり自分の仕事をしさえすればスムーズに番組は進みますし、ミスをしてしまったときにもサッと助けてくださるはずです。

ただ、毎日顔を合わせるわけですから、宮根さんへの興味はどんどんふくらんでいきます。「本当はどういう人なのだろう?」「もしも私が嫌われているのなら、その理由を知りたい」という思いがわいてくるのです。

そこでまず、私がとった行動は、宮根さんがいちばんリラックスしている時間を見つけることでした。宮根さんがよく笑っている時間は? 口数が多くなる場所は? 毎日観察していると、二つの時間帯にその傾向が見られます。

一つはお昼ごはんのとき。もう一つは、番組が終わったあとに軽く雑談をするときです。番組終わりは、その日の放送内容についての会話が多くなります。お昼の時間帯のほうが、宮根さんの素が垣間《かいま》見えるような気がしました。

本番前、宮根さんは楽屋にこもるのではなく、みんなが集まれる大きなテーブルで昼食をとっていました。いつも、だいたい2、3人の男性スタッフと一緒です。

私もこの輪に入れてもらおう。

毎日、宮根さんがテーブルにつくと、近くにすっと座り、私もお昼ごはんを食べます。こちらから無理に話しかけることは控えました。食べながら新聞を読んだり、テレビでニュースをチェックしたりして、宮根さんのそばにただ座っている。宮根さんから見ると、「そういえば毎日、川田がいるな」くらいの感覚だったのかもしれません。

昼食中、宮根さんはスタッフとは談笑されます。そこに私も入っていって、スタッフを介して会話をする日々が続きました。そして徐々に、一緒にいることが特別ではなく〝日常〟になっていったのです。

コミュニケーション量が増えたことで、番組にもいい影響がありました。たとえば、お昼ごはんを食べているときにした会話を宮根さんが覚えていて、スタジオで同じ話題が出たときに「川田ちゃん、○○って言ってたよね？」と私に振ってくださるようになりました。

こうして距離が縮まっていき、最終的には家族ぐるみのおつきあいをさせていただくようになりました。こんなに親しくなれたことを、宮根さんに出会ったばかりの私に教えてあげたいです。

私が、読売テレビを退職するときは親身になって何度も相談に乗ってくださって、「甘い世界ではないよ」「フリーになるのなら強烈な情熱を持っていなければ」「読売テレビへの感謝の気持ちを忘れずに。辞めても応援される存在でいないと」といったアドバイスをいただきました。

宮根さんといい関係を築けたことは、私にとって人づきあいを見直すきっかけになったような気がします。

時間はかかるかもしれないけれど、「この人と親しくなりたい」「もっと知りたい」という気持ちを持ちつづけていれば、その気持ちは伝わるのだと感じました。

嫌われているかもしれないと感じる人と同じテーブルに座り、お昼ごはんを毎日一緒に食べていたエピソードを友人に話すと、「そんな度胸ない」と言われますが……。

「相手がリラックスしている時間を探すのが裕美らしいね。相手の都合や、無理しなくていいタイミングをこっそり観察していたんだね」とも言ってくれました。

確かに、仲良くなりたいという想いが先行しすぎると、相手も困ってしまいます。距離を縮めようとするときには、相手の振る舞いや時間の流れを感じとって、それを乱さないかたちで、相手の領域の中に〃お邪魔する〃という気持ちを忘れずにいたいと思います。

Essence
きりっと
エッセンス

- 相手がそっけない態度で「嫌われているのかな」と思っても、単純に「嫌い」という感情でないこともある。
- 距離を縮めたい、関係を築きたいと思うなら、相手をよく観察する。
- 相手がリラックスしているタイミングを見つけたら、そっと一緒にいる。

前任者を徹底的にコピーする

アナウンサーは、ときに後任として番組途中から参加するケースがあります。『ミヤネ屋』は森若佐紀子アナウンサーの後任でしたし、『この差って何ですか?』は赤江珠緒アナウンサーの後任でした。先輩アナウンサーの仕事を引き継ぐのは、少なくはないプレッシャーがあります。

番組を引き継ぐときに私が心がけているのは、まずは前任者のやり方を完全にコピーできるように努めることです。最初から個性を出そうとしたり、自分の進めやすいやり方に変えてもらおうとすることはありません。

完成されたチームに新しいメンバーが入るのは、自分だけでなく、チーム全員にとって大変なこと。〝新入り〟がどれだけ完璧に前任者を真似《まね》ようとも、違う人間ですから、必ず小さな違和感を伴うものです。それはチームにとって、想像以上に負荷が大きいのです。

新しいチームに加入してすぐに「うまくいっているなあ」と感じられたら、それは自分がすごいのではありません。まわりが気遣って合わせてくれている証拠です。見えないところで、これまでの方法を変えたり、フォローしたりしてくれているはずです。新しい環境でいっぱいいっぱいになっていても、そのことを忘れてはいけないといつも思っています。

だから私はペースがつかめるまでは、できるだけスタッフの負担にならないようにしたいのです。自分の個性を出していくのは、仕事仲間との関係性ができてからでも、決して遅くありません。

番組に参加する前に、私は、前任の方に徹底的に教えを乞います。細かいところまで、何度も聞いてしまうので、ちょっとしつこいくらいかもしれません。でも、番組を大事につくってこられた方ですから、丁寧に根気よく教えてくださいます。

『ミヤネ屋』のときには、2週間べったり森若アナウンサーに張りつきました。スタジオを見学し、森若さんの動きをメモします。立ち位置、フリップを出すタイミング、宮根さんとのやりとり……。そして帰宅後は録画を見返し、どんなふうに映っているのかを確認します。また、打ち合わせ時間・着替え・メイクのタイミングなど、本番までの時間の使い方も聞き取りました。

『この差って何ですか?』では、赤江アナウンサーに、スケジュールや準備しておくもの、共演する方々の雰囲気などを細かく教えてもらいました。なかでも、どんなことに困ったかなどのケーススタディは、自分がこれからこの仕事をしていくうえで、知っておくべきこと。自分がこれからぶつかるかもしれない壁を、前任の方は、すでに経験されていることが多く、そのときにどう対処したか、その経験談はとても貴重なのです。番組を引き継いだあとも、わからないことが出てきたら相談にうかがうこともあります。

私自身も、2015年に読売テレビを退社するときに担当していた番組を引き継ぎました。引き継ぐ立場になって気づいたのは、後任のアナウンサーにこれまで自分がやってきた方法をたずねられないと、かえって不安になるということ。

後任の立場だったときは「こんなことまで聞いていいのかな?」「何度も質問して申し

訳ないな」と思うのですが、聞かれる立場になると、質問されることは嫌ではありませんし、根掘り葉掘り聞いてくれるほうが、これまで大切にしてきた仕事から離れる者として安心できました。

過去に担当していた番組を自宅で見るのは不思議な気分です。意外にも「寂しい」という感情はありません。あらためて私は「この番組が好きなんだなあ」としみじみ思います。愛着があって大好きな番組ばかりなので、その時間になるといつも通り楽しみにチャンネルを合わせています。

Essence
きりっと
エッセンス

- 仕事を引き継ぐときは、最初から自分のカラーを出そうとしない。
- 前任者の仕事ぶりを完全コピーできるように、徹底的にヒアリング&相談する。

〝私の武器〟はほんとうに武器になってる？

アナウンサーになるまでは、大阪出身であることや、関西弁をしゃべれることは、私の個性の一つだと思っていました。アナウンサー試験でも「関西弁だね……」と面接官に言われると、「はい！　関西弁話せます！」とアピールしていたくらいです。

読売テレビに入社し、先輩アナウンサーに「関西弁を使いすぎている」と注意されたときも、さして悪いことだとは思っていませんでした。読売テレビは関西のテレビ局。見てくださっているのも関西出身の方が多いです。視聴者にとって関西弁は愛着があるものですから、むしろ親しみを感じてもらえるのではないか、と思っていたのです。

しかし実際に私の出演シーンをチェックすると、関西弁のイントネーションが、たしかに気になります。特に数字や固有名詞を正確に伝える必要のある報道番組では、関西弁まじりの標準語は聞き取りにくいのです。

食リポ（食べもののリポート）での「めっちゃ美味《おい》しいです」などという話し方は、関西人の私でもひっかかりを感じました。ふだんの会話では気にならないことも、テレビの画面を通すと感じ方が違うことを知ったのです。

先輩のアナウンサーは、私生活では関西弁を使っていても、番組出演時には標準語で話します。アナウンサーは伝えるプロ。親しみやすさも大事ですが、まずは、視聴者が正確に聞きとれる話し方をすることを優先するべきなのは言うまでもありません。これは早急に使い分けられるようにならなければと考え直しました。

いまでは、初めて会う人に「関西弁がまったく出ないんですね」と言ってもらえたりもしますが、まだ完璧とは言えません。頻繁にアクセント辞典を引いて調べたり、まわりに聞いたりして、注意しています。

関西弁が自分の武器ではないと気づいたときはショックでしたが、まずは正確な標準語を話せるようになって初めて、強みとして活かすことができるものなのかもしれないと思えるようになりました。

番組に出演していて、アナウンサーとしてではなく、川田裕美個人としての意見を求められたときには、自分の気持ちを素直に伝えるために関西弁を使うこともあります。オンとオフを意識しながら向き合っていくつもりです。

ところで、いまでもなお苦手だと感じているのは「大勢の前で話す」こと。

「アナウンサーだから人前で話すのは得意でしょう」とよく言われますが、実はスタジオで目の前にいるのは、ディレクターやカメラマンをあわせても10人前後。カメラのむこうには何百万人、何千万人が見てくださっているわけですが、目の前で大勢に見られている感覚とはまた少し違います。

一方で、講演などでリアルな数百人を前にすると、ものすごく緊張してしまいます。手足がキンキンに冷えて、口がカラカラに渇いて。思ってもいないことを話しはじめたり、間が怖くて早口になってしまったり。これも修行が必要です。

そんな緊張を和らげるためにしている工夫は、大勢の前で話すときは、全体に向けてではなく、どなたか一人に語りかける気持ちで話すことです。一対一の会話を頭のなかでイメージすると、こちらのメッセージも伝わりやすい気がしています。

そのほかにも、登壇するまでの「ルーティンを決める」。これは『ミヤネ屋』などの生放送に出演するときにも行っていました。

たとえば、私の場合は、楽屋を出る際に、「水をひと口飲んで、自分が好きなタブレット菓子を噛《か》んで、お気に入りのハンドクリームを塗る」といったルーティンです。毎回、同じ手順で行うことを決めておくと、心がいくぶん落ち着きます。よければぜひ、試してみてください。

Essence きりっと エッセンス

- 自分の〝武器〟は使うシーンを慎重に選ぼう。
- ルーティンを決めるなど、どんな状態で自分は心が落ち着くのかを探る。

血が通っている有働アナの言葉

有働《うどう》由美子さんは、私にとって憧れのアナウンサー。NHKに在籍していらっしゃる当時から、パーソナルな部分を臆せず表現されたり、自らのゆれうごく気持ちを吐露されたりしていて、一視聴者として身近に感じますし、自分の悩みを打ち明けたくなる方だと感じていました。

「アナウンサーはタレントではない」というのが読売テレビ時代の教え。「番組スタッフの一員である」気持ちを強く持って、仕事をしてきました。

ただ、個性を出そうとしなくても、人柄や思いは画面越しににじみ出て伝わってくるものなのだとも感じます。

有働さんがメインキャスターを務める『news zero』（日本テレビ系列）の最後に、有働さんが発するひと言があります。

心に残っているのは、2020年に新型コロナウイルス感染症が拡大している時期のことでした。「それではまた明日」と言って終わるのではなく、「今日も私たちの生活を守るために何かを我慢してくださってありがとうございます」とおっしゃったのです。

毎日そうして自分の言葉でコメントされていて、有働さんの言葉を聞いて、元気が出たり、ほっとしたり、救われた気持ちになったりする。私だけでなく、同じように感じている視聴者の方々が、きっとたくさんいるのではないかと思います。

「血の通った言葉」を伝えられるアナウンサーは、私の目標です。


ほかのアナウンサーの仕事の進め方を見て、学ぶことはよくあります。ただ、それぞれ個性やスタイルは違うため、そのまま真似るのではなく、何か自分のなかに取り入れられるポイントはないかという視点で見ています。

2020年7月から産休に入り、たっぷりと時間があったので、一視聴者としてテレビを見る時間が増えました。ゆっくり視聴していると、「こういうテンポは聞きやすい」「この情報にはこんなトーンのほうがしっくりくるな」といままで気づかなかった発見があります。

ある程度の経験を積んできた者としての視点と、新人の頃のように、何でも気になる何でも吸収したいという視点を合わせて、いろんな番組を研究できる贅沢《ぜいたく》な時間でした。

産休中に、新しい試みもスタートさせました。YouTubeの配信をすべて一人でやることです。企画を考え、撮影し、編集し、テロップも入れる。特に編集に関してはゼロから学びはじめたので、すべてが新鮮で、我ながらどんどん吸収して上達している気がしています。

編集したり、テロップを入れたりしていると、自分のしゃべり方のクセもよくわかります。「余計な言葉が多い！」「一文が長いなー」などと、自分に文句を言いながら、手を加えていきます。

ちょっと気がゆるむとすぐに「結構」という言葉を使ってしまうことにも気づきました。編集しながら、「何回〝結構〟って言うんや！」とだんだん自分に腹が立ってくるほど、強烈なクセです。もしかしたら、ディレクターにも同じ気持ちを味わわせてしまっていたかもしれませんし、まだまだダメだと実感する機会にもなりました。

ときに尊敬するアナウンサーの仕事に注目しながら、ときに自分自身の仕事を直視しながら、技術を磨いていかなければと感じています。経験を重ねるほど、こうした〝吸収〟がまたおもしろくなり、〝吸収力〟も新人時代とは違ったかたちになってきているのを感じます。

吸収をやめないからこそ、有働さんは毎日、素敵な言葉を届けられるのではないかと想像しています。

Essence きりっと エッセンス

- 個性は出そうとしなくても、努めて得た知識や技術、人柄はにじみ出るもの。
- 怖くても、ダメなところが見つかっても、自分の仕事を直視して、改善点を見つける。

「自分の出し方」を調整する

自分が子どもだったころのことを振り返ると、ほんの数十年の間に、誰もが自分の考えや経験、想いを世界に向けて発信できる時代になったことに驚きます。私自身も、ブログやInstagramで情報を発信していますし、昨年からYouTubeも始めました。

自由に気軽にできる〝オープンスペース〟だからこそ、気をつけるべきことがたくさんあるのは、みなさんも感じていらっしゃると思います。

なかでも、私がいちばん注意を払っていることは、Instagramは、私の情報を知りたくない方や見たくない方の目にも触れてしまう可能性があること。ですから、〝通りすがりの人〟が訪れる場所であることをいつも忘れないようにして投稿しています。

反対に、ブログやYouTubeは、登録や検索をして、わざわざ訪問してくださっている方が多いので、ときにはふだんはお話ししないようなプライベートな話もしています。

産休中は日々変わっていく身体のことについて話したり、産後は母親としての戸惑いや息子との日々を綴《つづ》ったり。

テレビでは、私の日常を長く話す機会はほぼありません。ですので、ブログやYouTubeは、「私」を語る表現の場になっています。

こうした情報の発信をするなかで、読者や視聴者の方とのコミュニケーションは貴重だということに、あらためて気づかされました。

ですから、見てくださっているお一人お一人に語りかけるつもりで話しています。

自分の想いを伝えられるだけでなく、質問やリクエストにこたえることができるのも良いところ。特に子育てに関しての質問が多いので、夜泣きの対処法や離乳食についての投稿をしました。すると、「悩んでいるのは自分だけじゃないと思えた」「参考にしたい」といったうれしいコメントが。先輩ママ・パパからのアドバイスもあったり、私も双方向のやりとりを楽しめています。

対話を大事にしているのは、ラジオパーソナリティの仕事も同様です。

２０１５年４月から３年半ほど担当していたラジオ番組『Orico presents FIELD OF DREAMS』（ＪＦＮ系列）は、さまざまな分野で夢をかなえて活躍している方々をゲストに迎え、人生のターニングポイントを深く掘りさげていく番組です。

アスリート、アーティスト、ファッションモデル、お笑い芸人、映画監督など第一線で活躍するゲスト、お一人お一人の人生について、じっくりお話をうかがうことで、知られざる苦悩や努力をリスナーに伝えられるだけでもうれしかったのですが、あるときゲストの方からインタビューが終わったときに言われた言葉で、新しい仕事の醍醐味に出会えました。

「あらためて自分を見つめ直すことができました」

「川田さんと話をして、結局、自分が何をやりたかったのかに気づきました」

テレビ番組や講演会のように、複数の人に向けて開かれた場で話しているのと、一対一で比較的閉ざされた空間で話すラジオでは、インタビューされる側の心持ちは少し変わってくると思います、自分と向き合うようにゆっくり話される方が多く、このときは特にそう感じました。ですから、間が空いても無理に詰めて質問したりせず、こちらも一緒に考え、想像して、その時間を共有します。

同じ空気感でお話しできたことで、そう感じていただけたのかもしれません。ラジオをやっていてよかったと心から思った出来事でした。

『Love in Action』（JFN系列）では、リスナーからのメッセージを読み、それにコメントをしたりもします。

真剣に悩みを打ちあけてくださる方もいて、いただいた数行のメッセージから、その方のすべてを理解するのは困難なことですが、考え得るさまざまなパターンで回答し、リスナーの気持ちに寄り添えるようにしたいと思っていました。

どちらのラジオ番組でも心がけていたのは「自分の意見を押しつけない」こと。当然ながら、私は相手のすべてを知っているわけではありません。人にはそれぞれ事情や都合があります。私は「こう思う」というときにも、「私はこう思ったのですが、○○さんはいかがですか?」と尋ねるようにしていました。

こちらが勝手な予想をしすぎたり、「こういう話をしてほしい」と期待しすぎていたりする場合、結果的に、いいインタビューになりません。相手の方がこちらの意図を察して、お話ししてくださったり、考えるのに時間がかかったり、答えづらいことだと、こちらの予想にそのまま同意してくださったりもするからです。それでは、せっかくの対話なのに意味がありませんよね。

自分からの言葉は最少限にして、相手の言葉を待つ。すると思ってもみない答えが返ってくることも。「このインタビューで初めて話しました」といった言葉をいただけたら、うれしさを隠せなくなってしまいますね。

Essence きりっと エッセンス

- 顔や姿は見えなくても、読者や視聴者と一対一のコミュニケーションは欠かさない。
- 人の話を聞くときは、「自分の意見を押しつけていないかな?」とセルフチェック。

Chapter 3 現場での吸収力を300%に

インタビュー前に100個の質問を準備する

局アナとしてキャリアをスタートできたことは、ほんとうに幸運でした。読売テレビの先輩アナウンサーに「アナウンス業は伝承芸」と言われたことがあります。先輩方は正しい発音や伝え方・振る舞いをはじめ、仕事をするうえで大切なことを、いつでも惜しみなく教えてくれました。

『大阪ほんわかテレビ』や『朝生ワイドす・またん！』でご一緒した、森たけしアナウンサーは、新人時代の教育担当。森さんから教わったことは書ききれないほどたくさんあります。なかでも印象的だったのは、『大阪ほんわかテレビ』で初めて一人でロケに行くときにいただいたアドバイスです。

「明日のロケの準備、できている？」

そう聞かれ、取材相手への想定質問を20個ほど考えていたので見せに行くと、森さんはあきれた表情をしています。

「川田、これだけの質問でロケに行こうとしているの？　現場で全部使えるかどうかもわからないのに。こんな気持ちで行ったら、大変なことになる。思いつく限りの質問を書き出してみて。最低１００個！」

人生において、１００個の質問を考えたことなんてありません。50個を過ぎるとまったく思い浮かばなくなってしまいました。

「なんで森さんは、〝百個考えろ〟なんて言うのだろう。そんなに考えていっても、ほとんど使わないのに」と少しの反発心を抱きながら、新たな問いを絞り出そうと苦悶《くもん》しました。

ただ実際にやってみると、森さんがなぜ100個と言ったのかが、よくわかりました。

100個の質問を考えるためには、頭のなかで何度もロケの流れをシミュレーションしなければなりません。ああでもないこうでもないと、当日に起こりうることを想定する。これこそが重要なプロセスだったのです。

これだけ考えていっても、現場で質問がすぐに出てこない場面もありました。もしも、十分な準備やシミュレーションをしないまま臨んでいたら……と考えると怖くなります。

大変だと思ったり疑問を感じたりしても、先輩からのアドバイスは、まずは素直にやってみる。やってみても納得できなければ次はしなければいいだけ。

試してみることで見えるものがある。そのことに気づけた出来事でした。

もう一人、私の新人時代にたくさんのことを教えてくださったアナウンス部の先輩、脇浜紀子アナウンサーは「番組づくりはチームワーク」といつもおっしゃっていました。

一人で成立する現場は一つとしてありません。プロデューサー、ディレクター、アシスタントディレクター、放送作家、カメラマンら技術スタッフ、照明、美術スタッフ、大道具・小道具スタッフ、ヘアメイク、スタイリスト、ロケのコーディネーター、ナレーター、編集スタッフなど、制作には大勢の人がたずさわっています。誰が欠けても番組は成立しない。それぞれが各々の持ち場で奮闘しています。その仕事と視聴者を繋ぐのが、私たちアナウンサーの役割とも言えます。

「技術さんが大切なことを教えてくれるよ。ロケや中継では、技術さんの撤収を手伝わせてもらいなさい」と教えてくれたのも脇浜さん。

「一緒に片付けさせてください」とお願いすると、最初は「何もしなくていいよ」と断られました。片付け方がわからない素人が手伝っても、余計時間がかかるだけなので、断られて当然です。それでも荷物を運んだり少しずつ手伝っているうちに、「じゃあお願いしようかな」と言ってもらえるようになり、最終的には、ケーブルの8の字巻きまで教えてもらいました。

撤収の手伝いをさせてもらえるようになると、会話する時間が自然と増えます。それはとても貴重なものでした。


技術スタッフのみなさんとお話しすると、アナウンサーとはまた違った目線で画面を見ていることに気づきます。カメラマンは「見せ方」を熟知されているし、音声さんは全員の音量を調整したり、マイクで拾っていない音がないかを確認しながらロケをしているので、とても広い視野で全体を見ています。

「さっきのロケ、川田さんは見えていなかったみたいだけど、うしろにすっごく楽しそうに遊んでいる親子がいたんだよ。話を聞けたらよかったよね」

「インタビューの最後で、〇〇さんは、まだ何か言おうとしていた表情だったな」

「パンを食べるときには、先に半分に割って中身を見せてから食べたほうがおいしそうだし、食べる姿もきれいに見えるよ」などと具体的なアドバイスをたくさんいただきました。

異なる業界・異なる職業の方々にもアドバイスを求めると、自分では気づけない新しい発見を得られます。組織の一員として仕事をしている方は、縦の繋がり、横の繋がりだけではなく、他部署の先輩に話を聞くなど、ぜひナナメの繋がりをつくってみてください。

私が具体的なアドバイスを求めるときに気をつけているのは、その事象について調べ、自分なりの意見を持ったうえで話を聞く、ということです。

たとえば、新しい番組で中継のコツについて聞くときには、複数の中継現場に足を運び、「こうするといいのではないか」「自分だったらこう考える」という方針をまとめたうえで相談します。

何も調べずに、右も左もわからないまま「明日中継に行くのですが、どうしたらいいですか？」と手ぶらで行って教えを乞うだけにしないようにしています。

誰かに何かを教えるのには、労力を必要とします。長い時間をかけて培ってきたノウハウを簡単に教えたくないという方もいると思います。

アドバイスをもらうためには、自分でできるところまではやってみたけれど、「さらに教えてもらいたい」「もっと成長したい」という本気度や熱意が伝わることが大切。アドバイスを求める方への感謝と敬意を忘れないようにしたいです。

Essence きりっと エッセンス

- 経験者の一見「無茶ぶり」アドバイスは、たいてい、ちゃんと根拠がある。
- 異業種・異職種の人にアドバイスを乞うと、新しい発見がある。
- アドバイスを求めるときは、まず自分の意見や考えを持って臨む。

仕事のあとはフィードバック行脚が最強

自分が出演した番組は、放送されたあとに必ずチェックします。新人時代は、自分の発言をすべて紙に書き出していました。文字に起こすと、話し方の癖がよくわかります。意味がわかりにくいところや言い淀《よど》んでしまった言葉などがあれば、どんなふうに伝えたらよかったのかを考え、次回の放送に活かします。

先輩アナウンサーに録画を確認してもらい、改善点をヒアリングすることもありました。意見にバイアスがかかってしまう可能性はありますが、私の家族に「どう思った?」と聞くことも多いです。父親・母親世代がどう感じたのかは貴重な意見だと思うからです。

他者にフィードバックを求める習慣は、局アナ時代だけではなく、フリーになったいまも続いています。本番中に気になることがあった日は、本番後の楽屋でマネジャーやメイクさん、スタイリストさんに「あの場面、大丈夫だったかな?」「どう思いました?」と率直な感想を聞きます。プロデューサーやディレクター、MCの方に感想を求めることも。「さっきのやり方でよかったのかな」「このままの進め方で大丈夫だろうか」と悶々と考えつづけるよりは、直接聞いたほうがいいと思っています。そして、次回に反映させていきます。

もしも、聞けないまま番組自体が終わってしまったりしたら、「あのときにフィードバックを求めておけばよかった」と後悔してしまう。

後悔するくらいなら、恥ずかしくても、気まずくても、思い立ったときすぐに直接意見を求めて、解決に向けて動いたほうがいい。また、番組がスタートして何年も経《た》ってしまうと余計に聞きづらくなるので、新番組が始まったタイミングや異動した直後など、できるだけ早い段階から「聞く習慣」をつけるようにしています。

キャリアを重ねていくと、徐々に人からフィードバックをもらう機会は減ります。怒られたり指摘されたりすることもなくなっていきますよね。

新人のときは何を言われても平気だったのに、年次が上がると傷つきやすくもなる。フィードバックを求めること自体が億劫《おっくう》になっていくものです。

ただそこで、ほんの少しの勇気を出す。

実際には、「ここで聞いておいてよかった」と思うことがほとんどです。インターネットで評判を確かめたり、エゴサーチをすることも必要な場合がありますが、まずは、仕事の現場で私のやり方を見てくれている方々に直接話を聞く。

「いい番組をつくろう」という共通の目標に向かって真剣に番組づくりに向き合っているチームですから、ときには心を鬼にして、感じたことを率直に言ってくれます。

聞いたときは落ち込んでも、逃げずに、その言葉一つひとつについて考えてみる。成長への近道があるとすれば、こうして自分に厳しく向き合う時間が導いてくれる気がします。

Essence
きりっと
エッセンス

- 痛い指摘に傷つくのが怖くても、関係者に直接、自分の仕事の評価や感想を聞く。
- 指摘から逃げたり弁解したりせずに、いったん受け止めて考えることが、成長への近道。

ルールや枠の前に、まずは感覚を研ぎ澄ます

アナウンサーの仕事の中でも、私にとっていちばん難易度が高いのが「生放送での中継」です。

時間にして2、3分。10分あれば長いほうですが、アナウンサーの技術力がそのまま画面に出てしまう怖さがあります。中継はあとから編集ができない一発勝負です。

中継は入社してすぐ担当するのですが、とにかく失敗続き。伝えなければならないことと時間ばかり考えて、カメラマンの動きを無視した進行になることも少なくありませんでした。

中継はカメラマンといかに呼吸をあわせられるか、連携できるかで、内容が全然違ってくると言っても過言ではありません。

経験を重ねていくと、少しずつカメラワークを意識しながらコメントができるようにな

っていきます。たとえば、動物園から中継をしていて、カメラマンがサルにズームして撮っているときに、真後ろにある檻《おり》からシロクマの親子が出てきたとします。「予定にないけれど、せっかくだから映してほしい」と思ったら、慌てずに、カメラマンがズームアウトして広い画になったタイミングで「向こうでシロクマの親子が……」と手で方向を示すのです。

役割が異なる仕事のパートナーがいるとき、視点や動き、考えていること、注意を払っていること、集中している対象などが自分と違うことを忘れがちになります。そのことを念頭に置いておくだけで、相手の仕事のしやすさが変わるはず。それは、相手と自分で成し遂げようとしている仕事の質にも影響します。

でも、中継やロケを担当しはじめたばかりのころは、その感覚がわからないし、気持ちに少しの余裕も持てず、何もかもがうまくいきません。現場に着いても想定と違うことばかり。台本通りにやっても、時間が余ってしまったり足りなくなったり、テレビで見てきたような中継とは到底程遠いのです。

「どう伝えたらいいのかわからない」と先輩に相談すると、「川田は現場に着いたら、何をしているの?」と聞かれました。

到着してリハーサルをするまでに、技術さんがカメラをセッティングしたり、ディレクターが取材相手と事前に打ち合わせしたりする時間が数十分あります。私は、そのあいだ、ロケ車で待機していたり、想定台本を繰り返し読んだりしていました。

そう答えた私に、先輩は「せっかく現場にいるのに、動かなかったら、もったいないよ。歩ける範囲でいいから、動いてごらん」と教えてくれたのです。それからは、現場に着いたら、まわりの景色を見たり、取材相手と世間話をしてコミュニケーションをとったり、自分の目で見て、現場の空気を感じることに時間を費やすようにしました。

すると、晴れているのに数分外にいると風が冷たく感じると気づいたり、バスの時刻表を見ると、ちょうど中継の時間に到着するバスがあるから、地元の人に話が聞けるかもしれないと思ったり。中継をより良くするためのヒントが多くありました。

いま振り返って考えれば、現場に着いて特に何もせずにスタートを待っていた自分が恐ろしい。想定台本だけを見ていても、うまくいくはずがありません。

あるベテランの先輩アナウンサーが「ロケや中継はディレクターのもの」と言っていたことがあります。ディレクターはそのコーナーを企画し、ロケハンで下見をして台本を書いて、本番後の編集まですべてを担います。それぞれに狙いがあり、視聴者に伝えたいことがあるのです。

ただ、「ディレクターの想定を超えて、もっといい企画にできるかどうかは、アナウンサーの腕にかかっている」ともお話しされていました。

数分のことと思われるかもしれないけれど、そのロケや中継のために数日かけて調べものをしたり、カメラマンに何度もお願いをしてリハーサルを重ねたり。想定にないことでも、その場の流れで「これはやっちゃおう！」と思えば、勇気を出す。帰りのロケ車の中で「今日はおもしろかったわ。川田のせいで構成ががらっと変わったから、編集大変そうだけど」と笑って言われたりするとうれしいものです。

できる限りの努力をしようと思うのも、ディレクターの企画に込められた思いを視聴者にしっかりとお届けしたいから。そして、ディレクターの想定を超えるロケや中継ができるように、これからも腕を磨いていきたいです。

Essence
きりっと
エッセンス

- 誰かと仕事をするときは、自分の目線と相手の目線の接点をつねに意識する。
- 企画や狙いを理解したうえで、仕上がりは、想定を超えていくイメージで。

第一線を走りつづける方に共通するもの

先日、あるインタビュー取材で「これまでにお仕事で出会った方で、いちばんオーラを感じた方はどなたですか?」という質問を受けました。

そう問われて最初に頭に浮かんだのは、北野武さんです。

初めてお会いしたとき、いままで感じたことのない不思議な感覚をおぼえました。圧倒されるような存在感がある一方で、威圧的な雰囲気は少しもなく、深いあたたかみが感じられるのです。

楽屋にご挨拶にうかがうと、「あ、今日はよろしく!」と気さくに返していただき、趣味のタップダンスのことや、ご自宅での過ごし方なども話してくださいました。

ゆっくり、たっぷりと間をとって、「あれはいいよ」とひと言。多くを語らずとも言葉一つひとつに人生が映し出されていると思うと、重みを感じずにはいられませんでした。

職業柄、さまざまな分野の第一線で活躍しつづけていらっしゃる方々とお仕事をする機会が多くあります。

一流の方々の仕事ぶりを間近で見られる環境にいることに感謝して、ヒントをいただいて、それを自分の仕事にどう活かすことができるかを考えます。せっかくの学ぶチャンスは大切にしたいのです。世間一般的な目線で見ると、個性的だと感じられる方が多いのは、自分ならではのゆるぎない軸やこだわりを持っていらっしゃるからでしょう。

それぞれ強みや専門性は異なりますが、一流の方に共通するのは、人格者であること。優しく、誠実です。競争が激しくすさまじい世界で、これほどの地位を築いてきたにもかかわらず、まったく偉ぶる様子もなく、おごり高ぶることもない。スタッフから共演者まで、まわりをよく見ていて、気配りをされる方が多いのです。

ある大御所芸能人の方が、収録中、共演者のちょっとした仕草から体調の異変を感じ、「大丈夫？　一回収録を止めよう」と声をかける姿を見たことがあります。

若いときに先輩に助けてもらったからと、自分が出演する番組ではできるだけ若手にチャンスをという芸人さんや、緊張して話せていない新人に対して積極的にパスを出すMC

の方の姿も見聞きします。

そんな方々がよく口にするのが「自分一人でここまでやってきたわけじゃない」という言葉です。活躍されている方ほど、先人への尊敬、そして一緒に仕事をする人への感謝の気持ちを持っています。もしかすると、それは、頂点にのぼりつめていく過程にある、誰もまだ成し遂げていないことへ挑戦するときの孤独と表裏一体なのかもしれません。

第一線で活躍されている方々の現場での立ち居振る舞いに触れるたびに、この先年齢や経験を重ねても「私もそうありたい」と気を引き締めるのです。

Essence
きりっと
エッセンス

- 長く活躍する方々の共通点は、優しさ、誠実さ、謙虚さ。
- 「自分一人でここまでやってきたわけじゃない」という気持ちを忘れない。

Chapter 4 恥ずかしくても、苦手でも、やってみてナンボ！

他人や世間の基準じゃなく、自分らしく闘えばいい

ここまでの人生で「あの決断をしてよかった」と心から思えることがいくつかあります。

その一つが、大学2年生の夏、「アナウンサー」を志したことです。

アナウンサーを職業として初めて意識したのは、中学生のとき。当時、放送されていた

テレビドラマ『ニュースの女』（フジテレビ系列）を見て、「世の中には、こんな職業があるんだ」と知りました。

夕方のニュース「Evening News」のメインキャスター役を演じた鈴木保奈美さんが、とにかく格好よかったのです。そのときから憧れの職業として心のどこかにあったアナウンサーの仕事。ただ、本格的に進路を考える高校時代には「アナウンサーになるなんて現実的じゃない」と、将来の仕事にすることについては真剣に考えてはいませんでした。


自分は何の職業に就くことを目指すかをあいまいにしたまま和歌山大学経済学部に進学。アナウンサーという職業を身近に感じられるようになったのは、足立基浩先生のゼミに入ったことがきっかけです。

あるとき、先生の勧めでテレビ和歌山の番組を見学させてもらえることになりました。生放送の現場に初めて足を踏みいれ、番組制作の舞台裏を目の当たりにして、その臨場感に圧倒されました。なんだかすごくドキドキして、心をわしづかみにされるような感覚があって、確実に「自分の心が動いている」と感じたことを鮮明に覚えています。

実際の制作現場を見るまでは、アナウンサーは孤独な職業だと想像していました。『ニュースの女』で鈴木保奈美さんが演じた麻生環のように、一人で画面に映り、すべての責任を背負う、孤高の存在。ただ、そのイメージは、いい意味で裏切られました。

画面には映らないところに大勢のスタッフがいるのです。当然カメラのうしろ側にはカメラマンがいて、ディレクターがいて……。本番中もアナウンサーに駆け寄ってメモを渡したり、慌ただしく話し合っていたり。ピリッとした緊張感と、どこか楽しそうにも見える一体感。「こんなに多くの人が関わってつくりあげる番組を最終的に伝えるのがアナウンサー。なんてやりがいのある仕事なんだ」と胸が高鳴りました。

足立ゼミ卒業生の就職先がバラエティに富んでいたことも、私を力強く後押ししてくれた気がします。足立ゼミは海外で起業したり、新聞記者になったり、学部の枠にとらわれずさまざまな道に進んでいる先輩が多かったのです。

どれだけ狭き門でも、他人から見たら無謀なチャレンジでも、自分の目標に向かって努力している人たちの姿は素敵。

挑戦することは自由なのに、尻ごみしていたらもったいない！と先輩たちを見て強く感じました。

「私は、テレビ局のアナウンサーになりたい！」


こうして私の就職活動が始まりました。

ただ、同級生に話を聞くと、みんな業種を絞り込みすぎずに100社は応募していると言います。ただでさえ倍率の高いテレビ局。私もまずはほかの業種も含めて、たくさん応募したほうがいいのかなと、漠然と思いはじめたのです。

出版社、化粧品会社、旅行代理店……気になる会社を挙げていっても、十数社くらいにしかなりません。「100社が遠い……」と感じながらエントリーシートの準備をしようとしていたとき、ふと、ある考えが頭をよぎりました。

応募する企業が多ければ多いほど、一つひとつのエントリーシートへの思い入れは当然薄くなる。それってどうなのかな……。

もしも、私が企業の採用担当者だったとしたら、「『数撃てば当たる』で手あたり次第に送られたエントリーシート」と「自社のためだけに一球入魂で書かれたエントリーシート」の見分けはつくんじゃないか。もし私がその立場なら、「絶対にこの会社で働きたい」と思ってくれる人と一緒に仕事をしたいと考えるはず……。

もともと私は、これと決めたら一直線に突き進む性格。友だちづきあいも、広く浅くというよりは、狭く深く関係を築きます。いろいろな会社に応募するよりも、入社したいと思える会社に絞ったほうが、きちんと気持ちが伝わるのではないかと考えました。

そもそも、たくさんのエントリーシートを書くには時間と体力を使います。ひたすらエントリーシートを書いているうちに疲弊してしまって、面接に臨む力が残りません。それでは本末転倒です。

他業界は一切応募せず、アナウンサー試験一本に絞ろう。

就職活動は初めての経験だけれど、まわりの人たちとやり方は違っても私らしく闘いたい！

そう考えるに至ったのです。

アナウンサー試験しか受けないことを両親に報告すると、母は猛反対。「同級生は、いろんな業種を100社くらい応募してるんやろ?」「そんなん、アナウンサーなんてなれるわけないやんか」と容赦なく、私の心をゆさぶる言葉をたたみかけてきます。

ただ、ここで諦めたら、私ではありません。

母に、「もしも1社も受からなかったら、あと1年だけチャンスをください。次の就職活動では他業種も受ける。必ずどこかに就職するから!」と何度も話しました。

そんな必死な私を見て、「じゃあ今年だけだよ。1回きりのチャレンジだよ」と渋々、この決断を許してくれたのでした。

みんなと違う選択をすることに、私自身、不安や心配がなかったわけではありません。

他人から見たら無謀なチャレンジをしようとしていることもわかっていました。

ただ、私にとっては、心からやってみたいと思えたアナウンサーになれるチャンスがあるのに、そこに全力を注げないことのほうが怖かったのです。

ほかの多くの人たちのやり方に合わせて、自分を曲げてしまって、「あのとき、ああしておけば……」とあとから悔やみたくない。その気持ちのほうが、はるかに大きいことに気づけました。

自分の人生を生きるのは自分。他人の判断基準を参考にすることはあっても、優先することはないと思います。

Essence
きりっと エッセンス

- 〝狭き門〟〝無謀な夢〟という基準は他人が決めたもの。
- これと決めたら、〝浮気〟はしない。

ここぞというときは、思い切ったアピールで

大学3年生の秋、アナウンサー試験以外は受けないことを決め、清水の舞台から飛び降りる覚悟で、就職活動をスタートさせた私。しかし、最初からうまくはいきませんでした。1社落ち、2社落ち、3社落ち……手元に届くのは不合格通知ばかり。一次面接でさえ、なかなか通過できなかったのです。

毎回、同じことをやっていてはダメだ。

落ちつづけているのだから、やり方を変えなければ……。

試行錯誤を続けていたとき、ふと思い出したのが、「背伸びしないほうがいいよ」という先輩の言葉。頭ではわかっていたものの、過去の面接を振り返ってみると、間違いなく、そこには背伸びをした自分がいました。賢く見られたい気持ちが先行して付け焼刃の知識でしゃべったり、詳しくもない話題をよく知っているかのように振る舞ったり。

そんなこと、面接官はすべてお見通しなんですよね。

私は特別な人間じゃないし、武器と呼べるようなものはない——。

そう開きなおったら、視界がパッとひらけたような気がしました。

ふつうの大学生である自分は何者でもない。格好つけても仕方がない。等身大の自分のままで、ほかの人とは違うところはないか、探してみよう。

そう考えて思い至ったのが、「幼いころから大阪で育ち、お笑いが大好き」「人を楽しませることが好き」という私の生まれ持った気質です。面接官にちょっと笑ってもらえるだけでいい。背伸びをせずに、格好つけずに、恥ずかしがらずに、やってみようと思えました。


アナウンサーの試験では、いろいろと思い切ったチャレンジをしました。

自己PRの際、クイーンの『We Will Rock You』を歌い出したこともあります。「私たちは世界をあっと言わせるぞ」という意味があるのですが、奇をてらって、完全に迷走していましたね。この面接はなぜか通過できましたが、クイーンはそれ以降封印しました。

「漢字一文字のお題で、フリートークをしてください」という面接もありました。出されたのは「金」という一文字。当時は、翌年にトリノオリンピックを控えていたので、多くの学生が「金メダル」に関連するテーマでトークを展開していました。

そんななか、私が話したのは、学生時代に好きだった人に30万円を騙《だま》しとられた話。

「近年、オレオレ詐欺が横行していますが、実は私も、詐欺まがいの被害にあったことがありまして……」と話しはじめたら、当時の記憶がどんどんよみがえり、ほんとうに腹が立ってきて。最後は、「金かえせ！　ばかやろうー！」と叫んでいました（笑）。叫び終わった瞬間に制限時間がきて、「またやってしまったかも……」と思いましたが、面接官はけっこう笑ってくれました。

こんなふうに着飾らない自分で勝負すると、苦戦していたのが嘘《うそ》みたいに、トントンと面接を通過できるようになりました。

就職活動中に心がけていたことが二つあります。

一つ目は、挑戦と改善を繰り返すこと。面接がうまくいかなかったり、結果が思わしくなかったりしたときには、次回の面接で、少しやり方を変えてみます。最初から完璧にできればいちばんいいのですが、私にはそれができなかったので、「体当たりでぶつかって、ちょっとずつ改善していく」という方法が合っていたように思います。

二つ目は、アドバイスを真摯に聞くということです。

就職活動の序盤、アナウンサー試験に落ちつづけていたとき。「なんで面接が通過できないんでしょう……」と親しい先輩に相談しました。すると「本気でアナウンサーになりたいと思ってんの？」と聞かれたのです。「めちゃくちゃなりたいです！」と答える私に、先輩は「じゃあ、○○テレビの□□は見てる？　△△は？　どういう内容で、誰が出演していて、アナウンサーはどんなしゃべり方をしているか、特徴を答えられる？　いろんな番組をちゃんと見もせずに、アナウンサーになりたいって言えるの？」と指摘されたのです。

その言葉は、私の胸に突き刺さりました。初歩的なことがまったくできていなかった。熱意を行動に反映させられていなかったと気づいたのです。

それから私は、より入念に、受験するテレビ局を研究。すると面接での手応えが、徐々に変わっていきました。面接官からの質問に回答するとき、頭でいろいろ考えなくても気持ちが自然と言葉にできるようになります。「○○の△△のコーナーが大好きで……」と具体的に話せば、「この人は、うちの番組をちゃんと見てくれているんだな」と感じるものです。

他人がくれる愛あるアドバイスは宝もの。すぐには自分の心に響かないものであったとしても、そのまま聞き流してしまうのではなく、一つひとつを大切に受け止めて、うまくいかなかった自身の行動を変えるヒントにするのです。

試行錯誤の就職活動を経て、私は読売テレビの内定を得ました。

どうやら読売テレビの試験でも、アピールの仕方がちょっと変わっていたようです。

それは最終面接前のカメラテストでの出来事。ほかの学生たちはニコニコとかわいらしい笑顔で「がんばります！」とアピールしていましたが、私は、カメラの前に仁王立ちし、きっと前をにらみつけ、「私を採用してくれたら絶対に損はさせません！」と宣言しました。カメラを前にしたら、どうしても、ここでアナウンサーの仕事がしたいという思いがあふれて、それがこんなアピールの表現になったのです。

入社後、面接に立ち会ったスタッフに話を聞いたら、「この子を採用しないと、読売テレビに危害を加えられるんじゃないかと思ったよ」と笑われてしまいました。

後にも先にもない、アナウンサーらしからぬ（!?）鬼気迫るカメラテストだったようです……。

Essence
きりっと
エッセンス

- まずは全力でぶつかる。うまくいかなければ、少しずつやり方を変えてみる。
- 自分のことを知っている人の具体的な忠告はスルーしない。
- 言われたことに落ち込んだりカチンと来ても、客観的な指摘に感謝して、とりあえずやってみて、そこから解決のヒントを探す。

大先輩の胸を借りるときは「短くスパッと」が原則

2010年にスタートした平日朝の情報番組『朝生ワイドす・またん！』は、番組の立ち上げから携わった思い入れのある番組の一つです。

メインMCは、キャスターの辛坊治郎《しんぼうじろう》さん。そして、関西で知らない人はいない元読売テレビの人気アナウンサー森たけしさん。さわやかな朝にベテランのおじさま二人が並ぶ特異さが魅力の番組です（笑）。

とにかくお二人には、自由に、のびのびとトークをしていただきたい。そんな楽しい雰囲気を視聴者のみなさんに伝えたい。そのサポートをするのが私の役割でした。

出演者同士の掛け合いも、番組の楽しい雰囲気を伝えるのに一役買っていたように思います。辛坊さんも森さんも、番組内でふだんの私の姿が出るように絡んでくれます。

「川田さぁ、今日なんか変じゃない？」と茶化されるのも、お決まりのやりとり。

ただ、そこで私がひるんでしまうと、まるでいじめられているように映ってしまいます。

すかさず、

「いやいや、森さんこそ、今日もめちゃくちゃ食い倒れ人形に似ていますよ」

「辛坊さん、いま寝てました？　目、開いてます？」

などと返せば、視聴者の方々にも小さな笑いをお届けできるかもしれません。

言うまでもないですが、辛坊さんも森さんもニュース・中継・スポーツ・バラエティすべてのスペシャリスト。どうがんばっても届かないお二人です。

だからこそ、あえて遠慮せずに相手の懐に飛び込んでいくのです。はるかに年下でキャリアも浅い私が、ひるまずに向かっていくからこそつくられたものではないおもしろさが出るのではないでしょうか。辛坊さんや森さんも、きっとそれをわかっていて、私に「遠慮しないで」と言ってくださっていました。

自分が一視聴者として幼いころからテレビで見ていたような、ずっと第一線を走りつづけている大御所の方々の隣に立つときは、腹をくくります。言い返すときは、ためらわない。迷ったり、中途半端な気を遣わない。飛び込んで受け止めてもらうのです。

私が気をつけているのは、相手に言い返したりツッコんだりするときに、ダラダラと言葉を重ねないこと。短い言葉でスパッと言いきって、終わりにするようにしています。

年長者に食ってかかる姿は、人によっては「生意気」と捉えられることもありますし、気分を害する方もいます。本当に喧嘩《けんか》をしているわけではなく、あくまで目的は、見てくださっている方に番組の雰囲気を楽しんでもらうこと。

辛坊さんや森さんにからかわれたら、最初は笑いながら「違いますよ〜。いやいや、違います。違いますって。もうっ！　うるさいなー!!」と最後に声を張り上げてみても、その場のあたたかい空気は伝わるものです。お二人が、遠慮無用と言ってくださったおかげで、私も心おきなくぶつかっていくことができました。

ただ場合によっては、「この人、どこまで言っていいの?」と迷うケースってありますよね。そんなときは、なにげないふだんの会話を通して、どこまでがOKラインなのかを探ってみるといいかもしれません。

ふだんの会話の中でフランクにツッコミを入れてみたり、お土産を渡すときに、「あ！部長のぶん買ってくるの忘れちゃいました！」とわざと言ってみたり。そこで笑いが生まれたり、相手が乗ってくれたりするようなら、「ここまでは踏み込んでOK」とわかります。

反対に、周囲が一緒に笑えない雰囲気だったり、少しムッとしている様子が見受けられたら、「冗談が過ぎてしまって、すみません」と謝るなどして、すぐに引くようにします。

どの程度、体当たりしていってもいいかは、相手によって異なりますから、逆鱗《げきりん》にふれないようにじわじわと探っていくのがコツです。私の肌感覚では、誰もが一目置くような大ベテランの方ほど、遠慮なく懐に飛び込んでくる若手を喜んで受け止めてくれたり、親しいやりとりから信頼関係が生まれてかわいがってくださったりするように思います。

もちろん、どんなときにも相手への敬意は払います。ただ失礼なだけだったり、揶揄《やゆ》したり、ふざけているだけだと、相手も不快に感じるでしょう。

『す・またん！』での数々の経験は、いまでも私のなかで生きています。

番組を愛してくれる〝す・またんファン〟が増えていくこともうれしいことでした。出演者がマラソン大会に出れば横断幕をつくって応援してくれたり、毎朝のお天気中継に人が集まるようになったり、出演者の言葉を集めた語録をつくってくださる方がいたり……。『す・またん』のない土日は寂しいねん。毎日やってほしい！」という言葉をいただき、生活の一部になることができているのかなと思えることも。視聴者のみなさんの気持ちを直接感じる体験が何度もありました。

早朝の番組でしたので、午前2時半起きという体力的な大変さはありましたが、番組をつくりあげていくことには、それを上まわるやりがいを感じられました。休みの日もずっと番組のことが頭から離れず、「明日のオンエアでは何を話そうかなぁ」とわくわくしながら考えていたのを思い出します。オンとオフを切り替えようとはよく言われますが、切り替わらないことが心地良いということもあります。

なかでも、辛坊さんとの出会いは貴重なものでした。

辛坊さんとは、この番組で初めての共演。長年、報道でご活躍されていて、大物政治家にも臆さず切り込んでいくというイメージを抱いていました。「知識も豊富だし、私なんかと話してもつまらないだろうなあ」と想像して、ちゃんとコミュニケーションがとれるかと不安もありました。

でも、実際にお会いすると、そんな不安は吹き飛びました。「知らないことはない」といっても過言ではないくらい博識なのに、いつも話す相手の目線にあわせる。そして、相手が知らないことがあれば、柔らかくかみくだき、ユーモアを交えてわかりやすく話してくれるのです。一部の人にしかわからないような専門用語は一切使いません。

また、何十年前の話でも、きちんと記憶されていて、聞けば、つい昨日のことのように話してくれます。どんなことにも、誰の話にも丁寧に真剣に向き合っているからこそ、記憶が明瞭なのではないかと思います。

辛坊さんの切り替え力にも、いつも驚かされていました。

本番15分前になると、辛坊さんは一生懸命打ち合わせをしようとするディレクターの声を、なかば目をつむりながら聞き、「うん、うん」と頷いていています。「もしかして眠いのかな？　あんな短い時間の打ち合わせで大丈夫なのかな？」と、こちらは少し心配になりながら見ているわけですが、いざ本番が始まると、カチッとスイッチが入る。もちろん、思考は冴《さ》えわたり、鋭い言葉もすぐに飛び出します。そのギャップの大きさといったら……！

ご本人に直接聞いたことはありませんが、本番に入ったら全開にできるように、休められる時間は、たとえ身体の一部であっても極力休めるよう努めていらっしゃるのかもしれません。誰しも、常に全速力で走りつづけることは難しいわけですから、自分の心身を細やかにオン・オフを切り替えられる方法を身につけるのは大切なことです。

また、興味関心のあるテーマが見つかれば、すぐに現地まで足を運び、人に話を聞いて、フットワーク軽く積極的に取材をされていました。だからこそ、「生きた情報」を伝えられるのです。それがいちばん説得力があり、人の心に届くということを学びました。そして、仕事だけでなく、ヨットでの太平洋横断という自分の夢にもまっすぐ進む。そういったところも素敵だなと思います。

私が退社することを伝えたら、ものすごく心配してくださいました。「次の仕事は決まっているの？　できるだけ今後の仕事に繋がるような機会を増やしたほうがいい」と。

辛坊さんは「思い立ったが吉日」のように、やりたいことをやりたいときに、前もって考えすぎずに、まず動く方だと思っていたので、一瞬、意外に感じました。けれど、すぐにそう感じた自分を恥ずかしく思ったのです。「やるなら、いまだ！」と決心しても、まずはできる限りの準備と想定をする。思い切った挑戦をしている人ほど、そこを大切にしていることがわかったのです。

遠慮せず辛坊さんの懐に飛び込んで仕事をさせてもらってきたからこそ、そのときの私にいちばん必要なアドバイスをくださったのだと感謝しています。

Essence

きりっと

エッセンス

●「しなくていい」と言っていただいた遠慮はしない。

●どこまで胸を借りていい相手なのか、ふだんの会話からていねいに探る。

融通がきかないと言われても筋は通したい

幼いころから、理不尽なことが許せない性格でした。

私が6歳の頃のこと。児童館で5歳下の妹が粘土で遊んでいると、そこにいた私より年上の男の子が、その粘土を落として踏みつけ、そのまま外に出て行ってしまったことがありました。私はその男の子を追いかけ、「妹にちゃんと謝ってよ!」と抗議したのです。

その行為に私はものすごく腹が立ち、「謝るまで許さない」と思っていたことを覚えています。小さな妹を守らなきゃと必死でした。

学生時代には、クラスメイトが隣のクラスの子に理にかなわない悪口を言われたので、休憩時間に隣の教室まで話をつけにいったことがありました。

性格は、簡単には変わらないものです。

そんな私も、年齢を重ねるにつれ、折り合いをつけたり相手の意向を汲めるようになっていきました。ただ私の根っこにある「曲がったことが嫌い」「筋をしっかり通したい」という、ある意味融通のきかないところは消えません。そんな自分は、大事な決断をするときに、ひょっこりと現れます。

読売テレビを辞めたときも、そうでした。

退社をするとき、在籍する局にその意向を伝える前に、移籍先の事務所などを決めておくのが一般的だと聞きます。

ただ私は、退社意向を伝える前に次を探す活動をするのは、なんだか不義理なような、お世話になった会社に申し訳ないような、そんな心持ちになりました。自分がもしも上司の立場なら、その振る舞いをどう思うだろうかと想像したのです。

「ああ、川田は、最後の数カ月、ここを辞めたあとのことを考えながら仕事をしていたのか」と思わせてしまったら、それはとても悲しいこと。この会社が好きで、せっかくここまで職場の人たちと一緒に仕事をがんばってきたのだから、気持ちよく送り出してもらえるような辞め方がいい。それが正直な想いでした。

正式に辞めることが決まって諸々《もろもろ》の整理がつくまで、転職活動はひかえよう。辞めたあとのことは、ひとまず考えないようにしよう。

まったくの白紙状態で、会社に退社の意向を伝えました。これまでの感謝とともに、自分には挑戦したいことがあると伝えました。すると当然のように上司や先輩からは、「次の事務所や番組は決まっているの?」と聞かれます。「まったく決まっていません」と答えると、一様に驚かれて、「えっ、決まってから、辞めたほうがいいよ」と心配してくれる人もいました。

もちろん、将来の見通しが立たないことは怖い。

上京しても、どこの事務所にも入れず、番組にも呼ばれず、知り合いもいなくて寂しい毎日を過ごす未来の自分の姿が頭をよぎることもありました。

ただ、どれだけ不器用でも、人とやり方が違っても、お世話になった会社に筋を通したい。この気持ちを曲げてしまったら、自分が自分でいられなくなる。

いま、振り返ってみても、あのときの選択は間違っていなかったと思います。

決して、在職中に転職活動をしないほうがいいと言いたいわけではありません。

大切なのは、「自分がいちばん納得できる選択」をすること。

自分で決めたことなら、もしも、失敗したり、つまずいたりしても、後悔はないですし、自分自身に胸を張れます。

反対に、「みんながそうしているから」という理由で、自分らしくない選択をしたときには、たとえ成功したとしても、心に小さなささくれが残ってしまうのではないでしょうか。

損をするかもしれないと思っても、自分が自分に失望しないために、譲れない部分は大事にしたいです。

Essence
きりっとエッセンス

- 筋を通そうという意志とまわりの人たちへの感謝が、人生をつくってくれる。
- もっと〝得〟な選択があっても、納得できるかどうかがいちばん大事。

スキップを真剣に全力でする意味

『世界一受けたい授業』（日本テレビ系列）に出演したとき。

元マラソン選手の増田明美さんが「楽しく続けられるスーパージョギング術」を教えてくださるコーナーがあり、「みなさんスキップしてみましょう」という流れになりました。

私としては、普通にスキップをしたつもりでしたが、司会のくりぃむしちゅーの上田晋也さんには冗談ながら「もうやめろ！」とツッコまれてしまいました。その後、増田さんがリベンジの時間を設けてくださったものの、やはり「スキップではないもの」になっていたようで……。

「なんだか、思いがけず笑われちゃったなぁ」という程度の出来事でしたが、そのあと想像もしていなかったことが起こります。テレビ朝日の『アメトーーク！』「運動神経悪い芸人」の回への出演依頼です。

正直、出演していいのかどうか、とても迷いました。百戦錬磨の男性の芸人さんの中に、私一人がポンと入って、何ができるのだろうか。いや、何かを求められているわけではないか……。いくら考えても、わかりませんでした。

悩んで考えて迷って、その結果出てきたのは、「もういいや！　どうにでもなれ！」。

このようなオファーがあったのも、何か意味があるのかもしれない。『アメトーーク！』のスタッフが指名してくださったのだから、私は自分ができることを一生懸命やればいいんだと、開きなおれました。出演後に「やっぱり違うな」と思われたら、次に呼ばれなくなるだけのことです。

ただ一つ決めていたのは、恥ずかしがらないこと。ウケを狙ったり、ヘラヘラ笑ってごまかしたりしないで、真剣に一生懸命やる。「いま持っている力を最大限に振り絞って、全力でやるぞ！」という気持ちで臨んだのです。「できない私」を見せようとするのではなく、できる限りやってみよう、と。

オンエア後の反響はとても大きなものでした。多くの方から声をかけられ、見てくださった方から「ものすごく落ち込んでいたのに、あのスキップを見たら、暗い気持ちが吹き飛んだ」と言われたり、「川田さんのスキップを見て大笑いしていたら、いまツイッターに学校であった嫌なことを書きこもうと思ったのに、なんて書こうとしたのかを忘れちゃった」という学生の方の投稿も見ました。

こんなにもたくさんのうれしい言葉をもらえるのは想定外。「少しでも気分があかるくなったり、家族で大笑いしてくれた方がいたのなら、出演してよかったなぁ。笑いってすごいなぁ」と、なんだか他人事のように反響を眺めている私がいました。

両親がどう感じるかは、少なからず心配ではありました。娘が全国放送で笑われるわけですから。ただ、うちの両親なら一緒に笑ってくれるかなと思っていました。案の定、母から「もう、おなかを抱えて笑ったわ〜！　裕美は昔からスキップでけへんかったもんなあ。あはは！」と言われて、ほっと一安心。

その後も出演させてもらっているのですが、両親は、とても楽しみにしてくれています。

こういうことがあったからか、番組のディレクターやスタッフから、「川田さんは、アナウンサーとして進行もできるけど、ゲストやパネラーになるとなんか抜けている部分が出たりして珍しい人だよね」と言われる機会が増えたのです。自分の格好いいとは言えない苦手なことを隠さず見せたことで、これまでとは違った一面を知ってもらうきっかけになったようでした。

東京でできた友人の中には「裕美は、笑われて平気なの？　自分のことを卑下しないほうがいいんじゃない？」と心配してくれる人もいます。

ですが、私自身は笑われることに、まったく抵抗がないのです。大阪育ちということもあって、いじるのも、いじられるのも、日常茶飯事。〝笑ってもらってナンボ〟なのです。

自分のコンプレックスさえも笑いに変えてしまえるって、すばらしいこと。

誰しもが一つや二つは、コンプレックスを持っています。どれだけ悩んでも、弱みや欠点はそう簡単には変わらない。

そうであるなら、笑い飛ばしてしまったほうが得だと思うのです。

話は逸《そ》れますが、笑いの効用をもう一つ。

結婚のように、育ってきた環境が違う相手と共同生活を始めると、小さなことで、イライラや不満を感じることが、どうしても出てきますよね。

たとえば、パートナーが机の上に物を散らかしていたときに、「もう！　また片付けてない！　何回言ったらわかるのよ！」と怒りながら言うのか、「はい〜！　また散らかしてる人発見しました〜！」などと、ちょっとおどけて言うのかによって、場の雰囲気も相手の受け止め方も変わります。

私も結婚してから実践しているのが、小さな〝イラッと〟はすぐに笑いに変えること。何度起こしても夫がなかなか起きてこなかったりすると、やっぱりイライラしてしまいます。でも、そのときに、「いいかげん、起きてよ！」と言いたいのをぐっとこらえて、「お〜い！　ねぼすけ〜！　起きろ〜！」と、ちょっとふざけて言うと、相手も嫌な気分になりませんし、自分も気持ちがなごみます。

多くの場合、本人に悪気はないし、よくよく考えると目くじらを立てるほど大きなことではない場合がほとんど。

ですから、とがめるような言い方をするより、相手も笑いながら「ごめんごめん」と言えるような伝え方を選ぶようにしています。すると、不思議と相手も次から気を遣ってくれるようになります（もちろん、「何度言っても……」は夫婦あるあるですが！）。

何よりイライラをそのまま口にするより、自分自身もずっと気持ちよく過ごせます。

Essence
きりっと エッセンス

- 想定外のオファーには「もう、どうにでもなれ！」と全力で応える。
- コンプレックスは悩むより、思い切って笑いに変える。

宮根誠司さんに学ぶ、遊びにも手を抜かない生き方

テレビの世界で私が接する人は、仕事も遊びも全力で取り組んでいる人が多い気がします。

その筆頭が、『情報ライブ ミヤネ屋』でお世話になった宮根誠司さん。宮根さんは、みなさんご存じのとおり、押しも押されもせぬ人気キャスター。関西と関東を行き来する生活で、報道・スポーツ・バラエティ、なんでもこなす、相当忙しい毎日であることは容易に想像できます。

それにもかかわらず、宮根さんは、いつも、興味を持ったことには全力投球しています。「50歳だけど腹筋を6つに割りたい!」と思えば、即実行。プロレスが好きなあまり、プライベートでプロレス大会を開催し、自身もプロレスラーとして出場してしまうのですから驚きです。

趣味でバンド活動のボーカルもされていて、顔に白粉《おしろい》を塗って歌ったかと思えば、しっとりとしたバラードで聴衆を惹《ひ》きつける。いつも新しいことに楽しんで挑戦されていて、そのパワフルさはとどまるところがなさそうです。

仕事にも遊びにも全力投球なのは宮根さんだけではありません。加藤浩次さんはクレー射撃に熱中されていますし、辛坊さんはヨットに情熱を注がれています。所ジョージさんがつくられた仕事場兼遊び場の「世田谷ベース」もよく知られています。

遊びに本気になれる人は、仕事にも本気になれる。これと決めたものに対して夢中になれるのは、とてもカッコ良いと思います。

チャレンジ精神あふれる宮根さんに触発されて、私も、ある挑戦をしました。フルマラソンへの参加です。2014年のことでした。

実は、毎年番組から「大阪マラソンに出たら?」と誘われていたものの、「運動が苦手なのに、フルマラソンなんて絶対無理です」と断りつづけていました。ただ同じ年の2月に、宮根さんが東京マラソンに参加し、目標タイムを切ってゴールされたのを目の当たりにしたとき、なんだか自分が恥ずかしくなってしまったのです。宮根さんは私よりひとまわり以上、年上。仕事だけでも大変なのに体に鞭《むち》打って、「あかん！　今日はふらふらや！」と言いながら、練習に励んでいる。それに比べて、体力も時間もある私は何をしているのだろう……。宮根さんの挑戦に後押しされ、「よし！　私も、走ってみよう！」と決心したのです。

小学生の頃から体育の授業は大嫌い。体力はなく、運動神経も悪い。そんな私が、フルマラソンに参加するなんて、やはり無謀なことです。ひとまず私が掲げた目標は「完走」。最後は歩いてでもゴールテープを切れば十分だと考えていました。

そんな私に、宮根さんは「目標は5時間切り！」と言い放ちました。「いやいや、3キロも走ったことないのに無理ですって」と言う私に、「あかん！　運動が苦手な川田が5時間を切るから意味があるんや」と。

とんでもない目標タイムを達成するため、私がまず考えたことは、運動に自信がないならとにかく練習するしかない。少しずつ少しずつ体力をつけて、人より多く練習するしかない、ということ。

ミヤネ屋スタッフはそんな私を勇気づけようと、チームをつくって一緒に練習してくれました。私のように、一度も長い距離を走ったことのないスタッフが、どんどんランニング好きになっていくのも、うれしいことでした。スタッフが一緒にがんばってくれたからこそ、落ち着いて当日を迎えられたと思います。

結果は、「4時間57分」でゴール。

人間、やればできるものです。絶対に不可能だと思っていたことも。体は限界を超えていたと思いますが、気力でなんとかなりました。

やる前から「できない」と自分自身で決めつけてしまうのは、実に、もったいないことなのです。

私が新たに興味を持って全力を注ぐようになった遊びは登山です。マラソン同様、私なんかが登り切れるはずがないと思っていましたが、初めて低めの山に登り、山頂での達成感と下山後の気持ち良い疲労感を知ってからハマってしまいました。

いちばん忙しかったときは、たまにある休みをすべて登山に使っていました。体を休めることも必要ですが、私は動いていたほうがリフレッシュできるので、日帰りで標高2500メートル超えの山にも登ります。子育てが一段落したら再開させたいですね。

Essence
きりっと
エッセンス

- 一流の人は、仕事も遊びも、興味を持ったら全力投球。
- はたして、完璧な出来や成功だけがゴールなのか、というところに戻ってみる。
- 何を「できた！」と考えるかは自分次第。つまり、やってやれないものはない。

自分を決めつけない、
先を考えすぎない、
人をゆるす、
自分に正直に。

Part 2

ゆるっと。

Chapter 5 ストレスとはぼちぼちつきあう

泣きたいときは泣けるだけ泣きたおす

アナウンサーを辞めたい。そう思うくらいに落ち込んだり、モチベーションを失ってしまいそうになったりしたことが、私にもあります。

一度目は、書くのも恥ずかしいことなのですが……大失恋したときでした。入社して数年経ったころ、当時大好きだった人に振られました。ある日を境に、急に音信不通になってしまったのです。誕生日を一緒に祝おうと約束していて、ケーキをつくって待っていたのに、連絡すらなく……。ショックのあまりベッドから起き上がれなくなりました。ただ、翌日には仕事があります。失恋で休むなんて許されるわけがありません。

当時は、早朝の『ズームイン!!SUPER』を担当していました。朝の番組なので、明るくさわやかに、は鉄則です。私生活がどれだけつらくても、カメラの前に立てばニコニコ笑顔で伝えるのがプロとしての仕事。その自信がなくて仕事を休んだり、出たとしても途中でうっかり涙がこらえきれなくなってしまう、なんてことは避けなければなりません。

アナウンサーに限らず、社会人なら当たり前なのですが、さすがにこのときは、「アナウンサーって、残酷な仕事だな」と思いました。人前に出ない仕事を選んでいたら、泣きはらした顔のまま出社し、必要最低限の人としか話さないで1日を終えることもできたかも……（実際は、どんな仕事でも、そんなわけにはいかないのですが）。そんなふうに、深く落ち込んでいました。

仕事のモチベーションを失いかけた二度目は、『ミヤネ屋』を担当して1年が経ったころ。ようやく慣れてきて、番組内での役割が増えてきていた時期だったと記憶しています。ある日、パネルボードを使って説明をしていたとき、複雑な経済用語をうまく解説できず、しどろもどろに。しまいには、フリップの順番さえわからなくなり、右往左往してしまいました。誰の目にも、私がそのニュースを理解しきれていないことはあきらかでした。キャパオーバーになっていたのも事実ですが、それならそうと、もっと早くに相談しておくべきだったのです。

結局宮根さんが引き取り、私の代わりに説明されました。

番組終了後、スタッフに叱られたのは言うまでもありません。みんなに頭を下げ、謝罪しました。

やっぱり私では、『ミヤネ屋』は務まらない。一緒に番組をつくっている仲間からの信頼も失ってしまった——。

家に帰ってから部屋の電気もつけず、真っ暗ななかで声をあげて、久しぶりに泣きました。でも、もう一人の私の声も聞こえます。

自分の失敗でえらい泣いてるわ。やってしまったなぁ。

でも、一度、立ち止まることができて、よかったな。

この失敗がなかったら、成長も止まってたやろな。

そんな声を聞きながら、ひとしきり泣いたら、なんだかスッキリしました。

泣いていても仕方がない。落ち込んでいても何も解決しない。自分の失敗からは逃げられないし、会社を休む勇気もない。それなら、同じことを繰り返さないように、努力するしかない。


翌月曜日から、さらに時間を早めて出社。

もう同じ失敗はしまいと、入念に準備をしようとしている私のところに、まだニュース原稿ができあがっていない午前中に、「こんな内容になると思う」と伝えに来てくれるディレクターや、気にしなくていい、と声をかけてくれるスタッフもいました。やっぱり、いつまでも落ち込みを引きずらなくてよかった。

わからないことは、前もって調べたり人に聞いて解決しておく。業務量が多すぎて、対

応しきれないと思ったら、相談する。一緒に仕事をしている人たちや、見てくれている視
聴者のみなさんに迷惑をかけないために、どう動くべきか、できることは何かを前倒しで
考えるようになって、徐々にミスは減っていきました。
大きい失敗をしたり、激しく落ち込んだとき、私は一人で、思い切り泣きます。自分の
感情を出し切ることでスッキリしますし、泣くだけ泣いたら、冷静になれる。
「何でこんなに泣いたんだっけ。泣いている時間がもったいない」と思えたら、スイッチ
が切り替わった証拠。
泣くほど悔しく、落ち込んだなら、それ以上落ちることはない。もう上がっていくに違
いないのです。
それに、そんなに打ち込める仕事があるって幸せじゃないか。そんな気持ちになったら、
次にどんなアクションを起こせばいいか、考えられるようになるのです。

Essence ゆるっと エッセンス

- 落ち込んだときは、家で大泣きしてスッキリ。
- 反省モードは手短に。〝次はどうすればいいか〟に気持ちを移す。

無理して仲良くしない

私にも、苦手な人はいます。
人間関係のストレスを感じたとき、私が大事にしているのは、簡単なことです。
気が合わないのであれば無理につきあわない。
自分からコンタクトをとらない。
いい距離感を保つ。

人生は思ったほど長いわけではなく、誰しも、与えられている時間は限られています。
そうであれば、できるだけ、健やかな気持ちで生きていきたいです。悩むことも大事ですが、余計な摩擦が起きたり、しなくていい辛抱をしてどんよりするより、いきいきとしていられる時間を増やしたいと思いませんか。

仕事の関係で、どうしても苦手な人とつきあわなければならない場合は、一対一でのやりとりを極力少なくするようにします。一対一で向き合うと、意見の相違が増長したり、感情的なやりとりが生まれやすくなったりするからです。

そこで、極力第三者にあいだに入ってもらうよう、努めます。「苦手な相手以外の誰か」に加わってもらうことで、場の雰囲気が変わったり、ストレスが少なくなったりすることもあります。また、その第三者にお願いをして、二人のやりとりを客観的に見てもらうこともできます。

それでもたまってしまう人間関係のもやもやの解消法は、何より、リラックスできる相手との雑談。

嫌なことがあったら、家族や友人にとにかくしゃべる、聞いてもらう。みなさんも経験があると思いますが、話しているうちにもやもやした感情が消えていきます。それは、おそらく私のことをよく知っている相手だから、受け止め方をわかってくれているのだと思います。

気の置けない相手と話しているうちに、「そうか、苦手なあの人と私は、生きてきた環境も違うし、考え方が合わないところがあっても仕方ないな」と思えたり、ほんとうは私にも悪いところがあったとしても、「よしよし、裕美は悪くない！」とちょっと甘やかして励ましてもらうことで、「私にも反省するところがあったなぁ」と素直な気持ちになってきたりするもの。

おしゃべりで発散するのは定番の方法ですが、いい大人になって恥ずかしい、聞くほうは迷惑じゃないかな、などと遠慮してしまったりするかもしれません。でも、まるっと受け止めてくれる人に甘えさせてもらってもいいのでは？　その代わり私も、あなたがつらいときは、いつでも来て！という気持ちでいます。

また、別の方法として、不安や苦手といった感情に、とことん向き合うこともあります。

「なぜ、私はあの人に嫌な思いを持っているのか？」

「どうして、この仕事の前はこんなに不安になるのか？」

こんなふうに突きつめて考えて、感情の正体をつかまえようとするのです。書き出してみると、さらにわかりやすいです。

不安感や苦手意識の根底にある、自分のほんとうの気持ちや、その原因を確認できると、実は、そんなに心配したり恐れたりする必要がないことに気づけます。その過程で、誤解や先入観があることがわかってきて、マイナスの感情が消えていくこともしばしばです。

ストレスを感じたり、嫌なことがあったときくらい、自分をとことん甘やかす。気持ちが満たされていないときほど、他人の言動が気になるもの。私の場合は、おいしいものをたくさん食べたり、大好きな人たちと一緒の時間を過ごしたり、家族や親しい人に話を聞いてもらったりして、元の自分に戻していきます。

それから、足りていないものではなく、すでに持っているものに目を向けて、「幸せだな。ありがたいな」と口にしてみます。すると、目の前の不安やストレスが実は小さなものだと思えてくるのです。

たまには、自分を甘やかして、身近にある幸せを感じることで、本来の自分に戻るのも大事だと思っています。

Essence
ゆるっと
エッセンス

- 避けられるストレスもある。気が合わない人とは距離を置いていい。
- 嫌なことがあったら、自分を満たして、とことん甘やかそう。

後輩を叱るのは先輩の役目？

会社員時代、後輩への接し方で悩んだことがありました。

後輩が準備不足でミスをしたとき。あきらかに下調べしていないなと感じたとき。ほんとうに、その後輩のためを思うのであれば、きちんと話をしたほうがいい場面でも、注意したり叱れなかったのです。自分が悪者になるのが嫌だったのか、気まずい雰囲気が流れるのが嫌だったのか。いまとなっては、その理由は思い出せないのですが……。

一緒に番組を担当していた後輩に対しても言いたいことが言えなくて、悶々としていました。「ここはなおしてほしい」と思っても、見て見ぬふりで逃げる。後輩には伝えずに私が代わりにやってしまうことも増え、結果としては良くなかったと、いまならわかります。

このままでは、どんどん悪い方向に進んでいく気がしたので、伝え方を工夫できないかと考えるようになりました。

あれこれ思案しているうちに、無理して注意しようとしなくても、どうしてそうなってしまったのか、聞いてみることなら私にもできそうだと思いつきました。

それからは、共演していない番組であっても、気になったところがあれば、「ちょっとVTRを一緒に見てみない?」と誘うようにしました。

「私は、この言い方が気になったのだけど、この言葉を選んだのは、何か理由があったの?」と聞いてみます。このやり方なら、相手の答えにあわせて、「私はこういうことに気をつけているよ」とアドバイスをすることもできました。

伝え方を少し変えるだけで、「こんなに楽になるんだ!」というのは発見でした。それまでの私は「先輩としてちゃんと叱らなきゃ」と思い込んでいたのでしょう。相手の言動が気になったり、戸惑いを感じたりしたときには、「質問をする」手法を取りいれるようにしたことで、後輩とのコミュニケーションが増え、徐々に、いい関係を築けるようになりました。

会議などで意見が対立してしまったときにも、多くの場合、ストレートに反対意見を伝えないほうが、うまくいく気がします。「こっちのほうがいいと思います」より、「そこにこういった視点を加えてみませんか？」といった柔らかい表現を使うことを意識したり、第三者にも意見を求めたり。

もちろん、現場の意見として、筋を通さなければならない場面もありますから、覚悟を決めてビシッと伝えるときもありますが、そのような場合も、あとで直接「さっきは強く言ってしまって、すみません。〇〇さんに抗議するつもりはなく、こういう背景があったんです」とフォローすると、より真意が伝わると思います。

人によってコミュニケーションの得意・不得意はあります。

どうすればいいかわからないときは、ひとまず、先輩から教わった方法を真似たり、本に書いてあることを試してみるのもいいでしょう。「これは自分には合わないな」と思えば、何が合わないのかを考え、自分なりのやり方を模索していけばいいのです。

自分らしくできる、ストレスの少ないコミュニケーションのとり方がきっとあるはずです。

Essence
ゆるっと エッセンス

- 「叱らなきゃ」から「聞いてみよう」に変えてみる。
- 先輩だから、上司だから、友だちだから、と役柄にとらわれず、自分に合った意思疎通の方法で。

「よし来た！」のときは、〝ブレーキ〟を壊す

24時間365日、アクセル全開で過ごせる人は、おそらくいないでしょう。力をぬいてリラックスできる時間や、頭も心も仕事から完全に離れて休息する時間はやっぱり必要です。

エネルギーを溜《た》められる時間をきちんとつくって、いざというときに思い切り、そのエネルギーを出し切る。私は意識してそうするようにしています。意識をしないと、どうしても、メリハリはつけづらいもの。どちらも中途半端になってしまい、いちばんパワーを出したいときに燃料切れを起こすのです。

アナウンサーの就職試験を受けたときも、フリーに転身するときも、東京と大阪を何度も行き来し、アナウンサーの先輩や放送業界の知人に話を聞いて情報収集をしました。入

社前に「海外に行ったり、いましかできないことをしておくのがいい」と先輩に言われ、両親に頼み込んでお金を借りてヨーロッパを周ったこともあります。

「ここは手を抜いてはいけない」

「いまががんばりどきだ」

そんな〝よし来た！〟という瞬間を見極めて、そこまで溜めて溜めて、集中的に全力投球する。そういうときは、あえてブレーキは壊しておくぐらいの気分です。

ちょっとした躊躇《ちゅうちょ》に引き留められて、やったほうがいいと思っていたのに行動しなかったり、いまがチャンスとわかっていたのに後まわしにしたりしたら、結局、後悔するのは自分自身。進むことによっての失敗も絶対ないとは言えませんが、大事なときには一気にギアを入れて、とにかく一生懸命に突っ走るのも、人生のハードルを乗りこえていくためには必要なことだと感じています。

多少の〝怪我《けが》〟も目をつぶれ！と自分に厳しくがむしゃらに突きすすむときもあれば、仕事脳は完全にシャットダウンして、ゆるゆると楽しいことにどっぷりとつかって自分を甘やかすときもある。どちらも思い切りやるのが大事だと思っています。

Essence

ゆるっとエッセンス

- 〝いざ〟というギアを入れるタイミングを見極めて、アクセルを踏む。
- 自分に厳しく、自分に甘く。メリハリをつければ、どっちもアリ。

Chapter 6 まわりの人をちょっとアテにする

どんどん人を頼ろう

人から頼りにされたとき、どんな気持ちになりますか。

私は、友人から頼りにされたらうれしいです。仕事仲間から頼られると「よし、がんばろう！」と意欲がわいてきます。

頼られることは好きでも、頼ることは苦手。迷惑をかけるのではないかと躊躇してしまう。そんな方が多いかもしれません。私も仕事を始めるまではそうでした。

でも、いまは人をどんどん頼っていいと思っています。

頼ることにも、頼られることにも抵抗がありません。

たとえば、番組づくりにおいて、自分よりも別の人が担当するほうが番組にとっていいのでは?と感じたら、自分から「○○さんのほうがこのジャンルには詳しいですよ」と言うこともあります。

実績を積み重ねていくうえでは、ほかの人に席をゆずらずに、できるものはすべて自分が担当したほうがいいのかもしれませんし、向いていないとしても努力すべきだという考えもあります。

ただ、目指すところは、視聴者から愛される番組にすることです。いい結果に繋がるのであれば、より得意な人に頼ることは甘えではないと思っています。

自分が不得意なスポーツ番組の仕事が決まったとき、独学ではどうしても厳しいと感じたので経験者や詳しい人に連絡をとって教えを乞いました。実際に試合も観に行くのですが、その際も同行をお願いしました。実況と解説を同時に聞いているようで、とても濃い時間になり、自分もだんだんそのスポーツが好きになっていくのを感じました。

プライベートでも、迷ったり心配ごとを抱えているときには、遠慮なく人を頼ります。両親に話を聞いてもらったり、友だちに愚痴ったり。いまでは夫がいい相談相手です。話すタイミングは考えないといけませんが、できるだけ早いうちに相談するようにしています。事が大きくなる前に解決できることもありますし、解決できなくても話を聞いてもらうと、気持ちが落ち着き、スッキリします。

「頼りたい」と思うということは、それだけ相手を信頼している証拠です。その気持ちが相手に伝わる形であれば、過剰に遠慮しなくても快く応じてくれるはず。逆に、困っている後輩がいたら、こちらから声をかける。すると、思っていた以上に悩みを抱えていたと気づくことが大いにあります。

仕事の現場で「できない」「助けて」と言うのが苦手な人もいると思います。ただ、SOSを出せるのは責任感が強いからこそではないでしょうか。いい仕事をしたいからこそ、ヘルプを出す。自分だけでは完遂できないとわかっているから、人を頼る。それは逃げることとは違います。目的をふまえ、自分の力を認識し、最終ゴールを見据えているからこそ、「この部分を助けて！」と言えるのです。

そもそも、自分一人でできることなんて限られています。

多くの人がかかわるテレビ番組の制作現場において、私だけでできることはほんの一部だと私もいつも考えています。

誰もが人を頼り、頼られています。まわりの人の手を借りて達成できたことでも、自分なりに考えて行動した結果であれば、「自分の仕事」と胸を張ってもいいのではないでしょうか。

自分で何でもしなければと背負い込まず、どんどん人を頼って、そして頼られて、生きていきたいですね。

Essence ゆるっと エッセンス

- 頼るのは信頼している証拠だと、相手にも伝わるはず。
- 頼り、頼られて、生きていけばいい。

準備をしないで、仲間に身をゆだねる

進行役を担うときは、本番前に入念に準備をします。資料を読み、必要があれば現場を訪れ、気になることがあれば詳しい人に相談。スタッフと打ち合わせを重ね、スタジオの流れ、ゲストの情報、段取りを確認します。

私は、事前に内容を知っておきたいタイプです。安心できるからです。しかし、場合によっては、あえて情報を入れることなくスタジオに向かうこともあります。マネジャーは詳細を知っていますが、私は事前に聞かないようにする。当然ながら、そわそわと落ち着きませんが、番組の司会者や一緒に出演するゲストを信じて、ちょっと身をゆだねるような感覚です。

『人生が変わる1分間の深イイ話』（日本テレビ系列）のゲスト出演の場合。この番組で

はある人物に密着した1分間の「深くていい話」のVTRを見ていくのですが、たとえば、どなたかの密着VTRが流れたときに、事前に調べてほとんどの事実を知っていたら、初めて聞いたときに湧いてくる強い感情が自然には出てこなくなってしまいます。心が動いていないことは、視聴者にも伝わってしまうもの。だから、こういった場合は特別な準備をせずに、視聴者と同じ目線で映像を見て、そのときの素直な気持ちをコメントするようにしています。

ほかの番組でも、もし仲の良い人がゲスト出演していたとしても、番組の性質上、事前に会話をしないほうがいいと判断すれば、楽屋を訪ねるのを控えたり、簡単な挨拶のみに留《とど》めたりします。

『しゃべくり007《セブン》』（日本テレビ系列）では、ゲストが登場するまで、その日のゲストが誰なのか、レギュラー出演者には知らされていません。ゲストとして呼ばれたとき、スタッフからは「ほかの番組で、ネプチューンさんやくりぃむしちゅーさん、チュートリアルさんに会っても、『次回のしゃべくり007でお世話になります』といった挨拶はしないでくださいね」と釘《くぎ》をさされました。
撮影当日も、ゲストと出演者は違う階の楽屋。絶対に同じエレベーターに乗らないように気をくばる徹底ぶりです。これだけスタッフのみなさんが気をつけているのだから、私も、うっかり口をすべらせたり、廊下で会ったりしないようにと、緊張しました。それだけ素のリアクションや、準備していないからこそ生じる化学反応を大事にされているのだと思います。

準備はすればするだけいいものだと思っていましたが、ときには、怖がらずに、その瞬間の新鮮さを楽しんでみる。一緒にものづくりをする人たちを信じて、身をゆだねることで生まれるものがあります。

Essence

ゆるっと エッセンス

- 最初の感覚を大事にしたいなら、あえて準備をしない。
- まわりの人に身をゆだね、流れにのって、素の自分で楽しんでみる。

情報を寸止めして質問を誘う

就職活動は社会に出ていく最初の関門。自己分析をして、初めて自分と向き合ったという方も多いのではないでしょうか。私自身もアナウンサーになるための就職活動を通じて、それまで自分が考えてきたやり方に固執せず、別の角度からほかの方法を探してみることで、可能性が広がるという体験をしました。

その一つが、他者とのコミュニケーションです。

それまでの私は、相手に自分の主張や想いを伝えたいときは、すべてを出しきらないと伝わらないと思っていました。でも、そうではなく余白も大切だと知ったのが就職活動だったのです。

就職活動が始まってすぐの私は、エントリーシートに書けることはすべて書きこんでいました。書類選考を通過するために、「とにかく熱意を伝えたい」「私のことを知ってほしい」と考えていたのです。学生時代に体験したことや志望動機、どんなアナウンサーになりたいか。書くことが少ないと不安で、とにかくびっしり埋めるようにしました。

しかし、そんなに自分のことを一生懸命書いているのに、面接に呼ばれて質問に答えると、「エントリーシートに書いてある話だよね」と、相手の興味が削《そ》がれていくのを感じました。

私は書いて埋めることで満足していたのではないか。「たくさん書いた」という作業自体に満足感を得ていたのかもしれない。面接官の反応を見るうちに、わかってきたのです。

エントリーシートの目的は、私に興味を持ってもらうこと。面接に呼んで、話がしたいと思ってもらうことです。そのきっかけなのだから、この紙にすべてを書きこんでしまうのではなく、会って話すことを楽しみにしてもらえる〝余白〟を残したほうがいい、と考えました。

それからは、エントリーシートに書くのは、アピールしたい話のキャッチフレーズと、簡単な説明のみ。「これって、どういう意味?」「このエピソードを詳しく、聞かせて」と相手がもっと質問しないとわからないように〝情報の寸止め〟をしてみました。

読んだ人に「すごい」「文章が上手い」と思われなくてもいい。「なんだかおもしろそうだな」「不思議なことを言うなあ」で構わない。相手に一瞬「ん?」と立ち止まってもらったり、興味を持ってもらうことからコミュニケーションは始まる。そう気づきました。

いまでも、コミュニケーションの〝余白〟は大切にしています。特に初対面の方と会話をするとき。「私のことをわかってもらいたい」「親しくなりたい」という気持ちがあっても、その想いは半分くらいに抑えるようにしています。

逆の立場で考えても、相手に初対面でぐいぐいと自分の話をされたら、少し距離を保とうと半歩引いてしまいます。だからこそ、最初から自分の話を積極的にするのではなく、まずは相手の話を聞く。

初対面の方と距離を縮めようとするとき、最初にする会話は、好きな映画やテレビ番組、マンガ、本、ゲームなど趣味性の高い話題にします。パーソナルなことでありながら、どこまで自分を出すかは相手にゆだねられる話題なので、どなたでも話しやすく、会話が広がったり深まったりもしやすい印象があります。

好きな映画の話から相手の生活パターンが垣間見えたり、休日の過ごし方や家族構成の話題になったりすることも。ただ、とにもかくにも、まずは私はあなたの話を聞きたい、ということを態度で示します。

ですから、私のほうからいきなり「私は『魔女の宅急便』が好きで。生まれて初めて映画館で観た作品で、父に連れて行ってもらったからで……」と自分の話をしたりはしません。相手の話を聞いていて、もしジブリの話が出たら、相手が話し終わった後に、「実は私も……」というふうにキャッチボールを楽しみます。

基本は「川田さんは、何が好きなの？」と興味を持ってもらってから話しはじめるようにしています。

人によっては、質問をしても、会話が弾まなかったり、歯切れよい回答を得られないケースもあると思います。

「聞かれることが苦手なタイプなのかな」と思ったら、次の話題に移らずに、いったん、聞くことをやめて、ちょっと意識を違うところに向けるようにします。

とはいえ、全然難しいことではなくて、たとえば「ネクタイの柄、とても素敵ですね」「キレイにネイルケアをされているんですね」というふうに、相手の服装や持ち物などでパッと目についた「いいな」と思うことを伝えてみます。そのときもお世辞ではなく、本当に素敵だと思ったことに、ほんのひと言ふれるイメージです。

この〝少しだけ〟というのも大事なポイント。

本心としては、どこがどんなふうに素敵なのか、とか、もっとたくさんの言葉で伝えたくなってしまうのですが、関係性が深まっていないうちに、熱いトークで褒められると、相手は引いてしまいかねないからです。

会話に乗り気ではないと感じたら、こちらから話すのをやめ、ただ隣の席に座っているだけ。短い時間のやりとりだけで、急速にぎゅっと距離を縮めようと思わなくていいのです。相手を自分のペースに無理に引き込もうとすると、必ずひずみが出てしまいます。

縁があれば、仲良くなれるタイミングはきっときます。相手も、自分のペースを大事にしてくれているな、と感じれば、少しずつ心を開いてくれると思います。
人間関係において「焦らないこと」は、私が大切にしていることの一つです。

Essence
ゆるっと
エッセンス

- 完璧に空白を埋めつくさず、余白を残して、相手のペースに揺られてみる。
- 自分のことをわかってもらいたいときは、相手から質問されるぐらいの伝え方がちょうどいい。

常に挑戦者はしんどい。〝ホーム〟になる仕事は手放さない

『ミヤネ屋』への異動は、私にとってまさに寝耳に水。まったく予想していなかった出来事で、アナウンス部長に思わず、「ほんとうに、私の話なんですか?」と聞いてしまったほどです。

伝えられたとき、うれしい気持ちより先に「寂しくなるなぁ」と思いました。前にも少し書きましたが、『ミヤネ屋』を担当するということは、現在の番組を離れなければいけません。愛着があって大好きな番組を降板するのはとてもつらいし、生活のすべてが『ミヤネ屋』だけになる毎日が想像できなかったのです。

そこで思い切って、「少しでいいのでいまの担当番組も続けさせてほしい」と伝えてみました。

ダメ元のお願いだったのに、私の想いを汲んでいただけて、『ミヤネ屋』に出演しなが

ら、ほかの番組も継続できることになりました。

平日の午後は『ミヤネ屋』、週2回は、早朝番組に出演し、隔週深夜まで収録番組があるという毎日が始まります。それ以外にも特別番組があったりして、生活リズムをつくるのは難しかったです。

番組の前には数日間準備をし、番組が終われば振り返りをしなければなりません。特に『ミヤネ屋』はこれまでの経験とは勝手が違うぶん、準備にも振り返りにも時間がかかります。睡眠不足で片頭痛に悩まされる日々。若かったからこそできたのかもしれません。


その後、体力的なことを考えて一つずつ担当番組を減らし、最終的には『ミヤネ屋』だけになったのですが、以前から担当していた番組を継続させてもらったのは、ほんとうに有難かったです。精神的にずいぶん助けられました。新しい番組にチャレンジするうえでも、慣れ親しんだあたたかい〝居場所〟があることが支えになりました。

「慣れている仕事や場所にいつまでも甘えていたら、成長できない」という考え方もあるかもしれませんが、自分が自信を持ってできることが一つあるだけで、くじけそうなときにもがんばれるのです。当時の私は、安心できる場所があったからこそ、新しい仕事でも気持ちに少しの余裕をつくることができていたはずです。

同時に複数の番組を担当することで、相互にいい影響もあります。ある番組で成功した経験を別の番組で活かしたり、それぞれの番組のディレクターに相談をして新しいヒントを得たり。「読売テレビとしていい番組をつくりたい」という思いはみんな一致しているので、ときには番組の枠を超えた話も聞いてもらっていました。

そんな先輩方と話すうちに、私も一つの番組の中で考えるのではなく、より広い視点で物事を考えることを意識するようになりました。

フリーになったいま、読売テレビが私にとっての〝ホーム〟です。本書を執筆しているいま、読売テレビを退社して6年になりますが、いまでも一緒に仕事をしたり、連絡をとり合う仲間が多くいます。

離れていても近くにいるように感じられるのが読売テレビの仲間たち。仕事が順調なときほど、「このやり方でいいのかな」と立ち止まることがあります。そんなときに話すと、「川田は新人の頃から、こうだったよね」などと遠慮なく言ってくれて、気をつけるべきことを思い出せるのです。辞めてもなお、良い関係が続いています。

Essence ゆるっとエッセンス

- 好きなもの、得意なこと、慣れ親しんだ仲間は手放さない。
- 心の声や直感は見逃さない、放置しない。

最初はできなくてあたりまえ

いい仕事をするために必要な条件。

それは、ともに仕事をする人たちと信頼関係を築けているかどうかだと思います。

たとえば生放送では、1分1秒が勝負。瞬時の判断が求められます。

「自分のこの判断は正しいのか？　スタッフの判断は正しいのか？」、一つひとつをゆっくり考える時間はありません。

放送中、〝速報〟の原稿が手元に届けられたら、間髪を容《い》れずに読みます。そこで躊躇はしない。それは原稿を書き、確認をしたスタッフを信頼しているからにほかなりません。ともに仕事をする仲間を信頼できなければ、自分の役割を果たせないのです。

局アナ時代、フロアディレクターの対応にいらだってしまったことがありました。担当したのは屋外でのお天気中継。２、３分の短い時間内で多くの情報を正確に伝えなければなりません。

私自身、気持ちに余裕がない状況でした。そんなときに、フロアディレクターが指示を間違えて、私はそのミスをうまくカバーできずに終わってしまったのです。

放送終了後、謝ってくれたフロアディレクターに対して、私は「事前の確認をおねがいします」とだけ返してしまった気がします。なぜそうなってしまったのか、次から同じミスをしないために、どう改善していけばいいかを話し合うこともしませんでした。思い出すと、未熟な自分がとても恥ずかしいです。

以前、東野幸治さんにその話をしたら、「俺は、スタッフにイラついたことないわ〜」とのこと。

「カンペを出すタイミングがズレていたり、書き方がわかりにくかったり、うまく連携がとれなかったりしてもですか?」と質問すると、「うん、昔はあったけどいまは腹が立つことなんてまったくない」と。

「誰でも最初は、できなくてあたりまえ。ミスしない人はいないし、相手に変わってほしいと思うこともない。スムーズにいかないんだったら、自分がやり方を変えればいいだけのことだから」

そんな話をされたのです。これを聞いて目から鱗が落ちました。そして「私はまだまだ修行が足りない」と反省。「私もしっかりやるから、相手にもちゃんとやってほしい」という気持ちを心の奥底に隠し持っていた気がします。

前述したお天気中継でも、たとえフロアディレクターがミスをしたとしても、私がきちんと確認してうまくカバーできたのならば、それで済んだ話でした。自分のスキルの足りなさを、相手のミスに転嫁していたのかもしれません。

仕事の現場において、相手を信頼することはとても大切。

人間ですからミスは起きます。そのときに、相手を責めず、そっとカバーできる人でありたい。お互いがお互いの仕事や持ち場に関心を持ち、カバーし合うことで、信頼関係が築かれていくのです。

Essence ゆるっと エッセンス

- 仕事仲間を全面的に信頼することがあっていい。
- 相手に完璧を求めるのではなく、自分がどうカバーできるかを考える。

上地雄輔さんは〝なごませ王〟

さまざまな立場や所属の異なる人たちが一緒に仕事をするテレビ業界。だからかもしれませんが、まわりに常に目を向けていて、気くばり上手で、人をなごませたり、あたたかい気持ちにさせてくれる方が多いように感じます。そのなかでも特に際立っているのは、上地雄輔さんです。

『この差って何ですか?』(TBS系列)にレギュラー出演されていた上地さん。2週に一度はお目にかかる機会があったのですが、いつも上地さんの振る舞いにハッとさせられていました。

私は、MCの赤江珠緒さんが産休に入るタイミングで後任として担当することに。すでにできあがっているチームに入っていくこともあり、初日はガチガチに緊張していました。

いまでも覚えているのが、収録初日。私が楽屋にいると、少し開いている扉から上地さんがチラッと顔をのぞかせて、「よっ!」と。「あれ? 私、上地さんと昔から知り合いだったかな?」と、つい錯覚してしまうぐらいの雰囲気でした。思わず笑ってしまい、緊張が和らいでうれしくなったのは言うまでもありません。

上地さんは、老若男女問わず、わけ隔てなくコミュニケーションをとる方です。メインMCの加藤浩次さんや土田晃之《てるゆき》さんなど、ベテランの司会者や共演者にも、どんどん話しかけていきます。以前、ある有名な女優さんがゲストでいらっしゃったとき、前室で誰もが話しかけるのをためらっているなかで、一人声をかけていたのも、やっぱり上地さんでした。二人が談笑しているところにほかの方も入っていって、とても和やかな雰囲気の中、収録をスタートさせることができました。

また、私を担当してくれているメイクさんやスタイリストさんの顔もしっかり覚えていて、「なんか雰囲気変わったね」と声をかけたり、若いアシスタントディレクターともよく話しています。自分の気持ちに余裕がないとなかなかできないことだと思います。

上地さんはご自身のライブ運営にかかわるスタッフ全員の名前を覚えるようにしている

といいます。紙に書いて覚えるそうなのですが、何十人もの名前を頭に入れるなんて、私には到底真似できそうにありません。見えないところで、とても努力されていることがうかがえます。

上地さんの振る舞いを見て私も実践しているのが、「出会い頭の瞬発力」です。

上地さんは、私を見かけるとその瞬間に「お〜っす！」と手を挙げたり、パッとはじけるような笑顔を見せてくれます。その瞬発力と最初のひと言に心がつかまれるのです。ほとんど一瞬のコミュニケーションで気持ちが伝わってきて、自然とこちらも笑顔になります。

たとえば、職場の最寄り駅で電車を降りたら、偶然、ホームに同じ会社の人が。「挨拶をする程度の関係性だし、声をかけようか、どうしようか？」と迷うことはありませんか。私は「むこうは気づいていないのに、話しかけて大丈夫かな」と逡巡《しゅんじゅん》しているうちに相手がどんどん先に行ってしまって、後悔することがあります。そんなときにも、ためらわずに声をかけ、上地さんのようにニコッと笑えたら。まだ、迷うことはありますが、意識をして笑顔を心がけています。

気くばりというほどではないのですが、私自身が大事にしていることは、相手がしてほしいことを先まわりできるように、ということ。そのために、相手をよく見て、行動や気持ちを察しようと努めています。

たとえば、スタジオ収録の前室でお着物の方が座っていて、飲み物がないと気づいたら、〝私が飲むついでに〟という雰囲気で取りに行き、さりげなくお渡しします。

共演者やスタッフからしてもらったことでうれしかったことは、忘れないようにメモ。以前、外出先で和菓子屋を見つけたスタッフが、「とってもおいしそうだったので」と、どら焼きを1個買ってきてくれたことがありました。道を歩いていて私を思い出してくれたことや、買ってきたお菓子をわざわざ渡しに来てくれたことがうれしい。いつかお返しがしたいと思い、すぐにメモに書き留めました。

また、別の方との会話の中で、〝もうすぐお子さんが生まれる〟といった記憶に留めておきたい情報をメモしておくこともあります。私も、さりげなく話したことを覚えておいてもらえると、感激しますから。気くばりの天才にはなれなくても、無理のない努力で、まわりの人を自然に気遣えるようになれたら素敵ですよね。

Essence
ゆるっと
エッセンス

- 「さりげなく、先まわり」で相手に気を遣わせない。
- してもらってうれしかったこと、覚えておきたい話はメモに残しておく。

Chapter 7 好きなことは「好き」と言う

「やりたいこと」を遠慮しない

1年は365日。1日は24時間。

時間は限られているからこそ、やりたいことをやらなければもったいない。いま、この瞬間に体験できることを詰め込みたい。そんなふうに考えて、生きてきました。一日中何もしないで過ごすというのは少し苦手。

振り返ってみると、この傾向は、高校時代の学生生活にも顕著にあらわれています。私が通っていた高校はクラブ活動が盛んな学校で、同学年の9割以上がなにかしらの部活に入っていました。一方の私はというと、どのクラブ活動にも、いまひとつ興味が持てません。部活よりも「働くこと」に関心が向いていたのです。

お金を稼ぐってどういうことだろう?

世の中にはどんな職業があって、みんな、どんなふうに働いているの?

社会に対する好奇心、そして働くことへの関心は、どんどん大きくなっていきました。

ようやく高校生になり、働くチャンスを得た私はすぐに動き出します。セブン-イレブンやケンタッキー、学習塾、家庭教師など、いろいろなアルバイトを経験しました。常に3つくらいを掛け持ちしていて、忙しかったです。

「同級生がクラブ活動をしているのに、私だけアルバイトをしていたら変な子だと思われるかな」という考えが一瞬頭をよぎることも。でも、無理にみんなの行動に合わせる必要はない、とすぐに思い直しました。

自分が「こうしたい」と思った方向に進むほうが自分に正直でいられます。部活で友だちをつくる子が多かったのですが、私は部活に入っていない子を見つけて、クラスの枠を超えて仲良くしていました。友人の数は多くなくても、気の合う友だちが一人、二人いたら、それで十分でした。

ちなみに、あとからわかったことですが、高校当時、同じクラスの友人は、私がアルバイトに精を出していることを、あまり気に留めていなかったようです。自分では「変な子だと思われているかな」と少し気にしていましたし、「学校に行きたくないな」と思うことも正直あったのですが……。

自分で考えるほど、まわりは他人のことを気にしていないし、見られ方にそこまで注意を払う必要はないんだなと思いました。気にしている時間があったら、興味のあることに使いたいですね。

アルバイトに没頭したのは、日々起きるうれしいこと、創意工夫できることに目を向けたら、仕事はどんどん楽しくなるんだと実感できていたからです。

たとえば、コンビニエンスストアのアルバイトでは、品物を袋に入れるときにどうすればお客さんが持ちやすいかを考えたり、毎日来てくださる地域のお客さんとだんだん仲良くなったりというような小さな工夫や楽しみが日々あります。

当然、楽しいことばかりではありません。

商品の個数を間違えて正しい数の倍ほど発注するミスをして、大量に届いてしまったことも……。そのときは店長にずいぶん叱られました。とても落ち込みましたが、一方で、信頼を回復したい、そのためには、いまの自分に何ができるだろう？とやる気も出てきました。


自分も社会の一員となって、責任を持って仕事をし、お給料をいただく。そのおもしろさと刺激を早くから味わうことができてよかったといまでも思います。

人と違うことをしようとするときの一瞬のためらいを乗り越えれば、新しい世界が待っています。

Essence
ゆるっと
エッセンス

●まわりの目は気にせず、自分がやりたいことを思い切り楽しむ。
●失敗や不安よりも、日々の小さな「うれしいこと」の〝卵〟を育てるほうに目を向ける。

人生の大事な決断は、自己中で

アナウンサーを志すと決めたとき。

読売テレビを退社し、フリーになると決めたとき。

人生を左右する決断をするときに、私が大事にしているのは、「すべてをまわりにゆだねてしまわないこと」です。

自分のなかで結論が出るまで、あまり人に相談しません。最後の最後で、自分にとって大切な人や迷惑をかけたくない人、応援してほしい人にだけ話をします。ほぼ決心がついたところで、「こうしようと思っているのだけど、どう思う?」と話を切り出すのです。

読売テレビを辞めてフリーになるとき、母に、こう話をしました。

「いまは毎日のようにテレビに出ているけれど、読売テレビを辞めたら、いったん出演番組はゼロになる。〃裕美ちゃん、最近テレビに出なくなったね〃と知り合いの人に言われるかもしれない。陰口を言う人もいるかもしれない。上京しても仕事がまったくなくて、お金もなくなるかもしれないけれど、それでも一度やってみたいと思ってるの」

そんな私に、母は「私たちは何言われても全然気にせぇへんよ。東京で仕事がなかったら、大阪帰ってきたらええやん」と言ってくれました。その言葉は私に深い安心感を与えてくれたのです。心おきなく新しいフィールドに飛び出せたのも、その母のひと言があったからです。

「こうしたほうがうまくいくよ」「○○さんはこうだったよ」「それはやめておいたほうがいいよ」「いまのままではダメなの?」………。

人生の岐路に立ったとき、まわりの人たちから、いろいろな声が聴こえてくるものです。多くが、親切心や心配からのアドバイスということはわかっています。もちろん、思い遣《や》りはうれしいですし、心が揺れることもあります。でも、最終的に人生の責任をとるのは自分自身。そのことは肝に銘じておかねばと意識するようにしています。

さまざまな情報をいったん取り込んだうえで、最終判断は自分が下す。みんなそれぞれ生まれ育った環境も性格も、好みも、強みや弱みも違います。誰一人として同じ人はいません。他人の経験に基づくアドバイスが、自分にも当てはまるかどうかは、わからないのです。

だからこそ、人生の選択や決断において、人の意見に揺さぶられないことが大事。「自分は何が向いているのだろう」「ほんとうは、どうしたいの?」と自分自身に問いかけ、私自身が納得できる決断をすることを第一に考えています。

大事な決断をするときに、机に向かい、ノートを広げて考えを書き出して整理するようなやり方もありますが、私はもっとゆるく考えをめぐらせます。「いまから考えるぞ」とかしこまるよりも、お風呂に入っていたりジョギングをしていたり、リラックスしているときに、これからの指標がポンと浮かぶことも多いです。

フリーになったのも、お風呂に入っているときに、ぼんやりとある考えが浮かんだことがきっかけ。「私がこれまでに挑戦したことのない仕事って何かな〜」と考えていたら、したいけれどできていないジャンルとして「ラジオ」が出てきたのでした。

「ラジオのパーソナリティをやってみたいけれど、読売テレビはラジオ局を持っていないから無理かなあ……」と思った瞬間、フリーになる選択が、初めて頭をよぎりました。もちろん、それだけで決めたわけではなく、そこから1年以上をかけて考えを固めていくのですが、きっかけはお風呂に入っているときだったのです。

最近では、夫と他愛《たわい》もない話をしているときに、次の展望が浮かんでくることもあります。「私は仕事の達成感よりも、応援されたり共感してもらったりすることに喜びを感じて、元気をもらっているんだ」とわかったのも、最近夫との会話で発見したことの一つ。こういう気づきが、次の行動の起点になることもあります。

大きな決断をするときに、もう一つ気をつけているのは、「もしもうまくいかなかったらどうするか?」を考えておくことです。

すべて自分が思い描いたとおりに実現できればいいのですが、そううまくいくとは限りません。

アナウンサーに絞って就職活動をすると決断したときは「どこにも採用されなかったら、

翌年に一般企業を受ける」と決めていました。フリーになろうと決心したときには、まわりの方々からのアドバイスもいただいて、まったく仕事がなかったらどうするか、複数のパターンを想定していました。

うまくいかないケースをシミュレーションしておくことは、「それでも挑戦したいかどうか」を自分に問うことにも繋がります。また、最悪な事態を想像しておいてこそ、心おきなくチャレンジできる。「最もうまくいかなかったときにどうするか」を考えておくのは、マイナス思考ではありません。自分の心に余裕をつくるための作戦の一つです。

Essence
ゆるっと
エッセンス

- 自分自身の納得感を大切に。人生を左右する決断は、まわりに流されない。
- 人生の展望や次なる目標は、ゆったりした時間にこそ湧いてくる。
- 「最悪の事態」のシミュレーションも作戦のうち。

あえて空気に漂うものを汲まない

いまとなっては、「あんこ好き」を自覚していますが、アナウンサーになるまでは、「私のあんこ愛が相当強いもの」だなんて思ったことがありませんでした。

そう気づくきっかけをつくってくれたのは、実は宮根さんなのです。

『ミヤネ屋』に出演していた当時、一日の終わりに日課として、あんこを食べていました。ある日のお昼どき、宮根さんとなにげない会話をしていて「昨日も、あんこの缶詰を食べました」とぽろっと話したのです。「えっ!? ゆであずきを缶ごと食べるの? なんや、その食べ方。相当変わってるで!」と驚かれてしまいました。

いまでは取材でも「あんこがお好きなんですよね?」とよく聞かれます。フリーになってからは、番組で、自宅に常備しているあんこの缶詰や、卵焼きであんこをくるんで焼く、オススメの食べ方を紹介することもあります。2020年には「東京BEST手土産あんこ」を紹介する『東京あんこ巡り』（KADOKAWA）という本も出版して、「川田と言えばあんこ」と認識してもらえるぐらいの私の個性の一つになっています。あんこ好きが仕事に繋がるなんて、ほんとうに思ってもみないことでした。

元バドミントン選手の小椋《おぐら》久美子さんに誘われて始めた登山にも、すっかりはまっています。もともと仲の良い小椋さんとのレジャーの延長で始めた登山。実際にやってみると、仲間との会話を楽しみながら、2、3時間をかけてゆっくり登るのが楽しくて。緑のマイナスイオンに包まれて歩くのは気持ちがいいですし、身体を動かすことで頭がすっきりします。登りきったあと、山頂で食べるあんパンが、またおいしいこと！　登山は、あんぱんの〝新しい可能性〟にも気づかせてくれました。

あんこ好きだったり、登山にはまったり。好きなことを「好きだ」と公言すると、その好きなジャンルにまつわるもの・ことが集まってきます。仕事に限らず、友人が「新しくオープンしたお店に行ってみない？」と誘ってくれたり、初めて話す方に「私も○○が好きなんです」と言ってもらえて会話のきっかけになったり、いいこと尽くしです。

もともと私は、自分の感情を正直にオープンに口にする性格。会ってみたかった方のインタビュー取材をするときには、「お会いできてうれしいです！」とまず素直な気持ちを伝えます。

真夏の取材で、私を含めスタッフが大汗をかいているなか、涼しい顔で座っている女優さん。緊張感のある現場でしたが、その姿がかっこよかったので、「汗かかないんですか？ 私なんて汗だくです」と声をかけると、「私も暑いです！ ただ顔には汗をかかないんですよ」と笑ってくださって、女優魂を垣間見るとともに、場が少し和みました。

好きなものについて語ったり、感情をストレートに伝えたりする場面が多いからこそ気をつけているのは、決してウソをつかないこと。〝思ってもいないこと〟は口にしないと決めています。

特にテレビの仕事は、心まで映されるような気がします。ほんとうはおもしろくないのに無理に笑っていたりすると、その心の内側が視聴者にそのまま伝わってしまうと思うのです。小さなお世辞だったり、社交辞令だったり、よかれと思って言ったことも、その言葉に〝ウソ〟が入っていたら、まわりも気づきます。むしろ、お世辞を言われた側は傷つくことだってあるのではないでしょうか。

自分の意思が曲がったかたちで伝わらないように、あえて、現場の空気に漂っているものを汲まないこともあります。

たとえば、「実はそんなにあんこは好きじゃないんでしょう？　ビジネスで言っているんでしょう？」といじられることもあります。相手も本気でそう思っているわけではないのですが、初めて言われたときは、実は少しショックで答えにつまりそうになりました。「実はそうなんですよ～。バレちゃいました？」と答えたほうがウケたかもしれません。ですが、自分にウソをつくことなく、間髪容れずに「ビジネスじゃありません！」「なんと言われようと、私はほんとうに好きです」と答えたほうが、その場の空気がほんとうの意味で明るくなります。

司会者との意見が合わず、司会者が「いやいや、そんなことないでしょう。川田さんもそう思うでしょ？」と賛同を求められるケースもあります。空気を読むのであれば司会者の話に乗っかるべきなのかもしれませんが、私自身、「そうではないな」と思えば、正直に伝えます。

場を盛りあげるためであっても、ウソをつかない理由。それは、その場の空気にあわせて自分を変えていると、「何がほんとうの自分か、わからなくなってしまう」からです。

応援してくださる方は、「川田さんは、あのとき、こう言っていましたよね」と番組での発言などもよく覚えてくれています。あちらの番組ではAと言い、こちらの番組ではBと答えていたら、この人の本心はどこにあるのだろう、と信頼を失います。だからこそ、本心でないことは言わないと決めて、本心を伝えることで波紋を呼びそうであれば、伝え方をやわらかくしたり、相手を傷つけない言葉を探すようにする。ウソをつくくらいなら黙るほうがいい、それぐらいの想いがあります。

いまでもマスコミは男性が多い職場だからかもしれませんが、局アナ時代、特に女性で管理職に就いている方々の主張の仕方のしなやかさが、いつも気になっていました。憧れを感じていたとも言えます。もちろん性別にかかわらず、相手に敬意を払いながら自分の考えを伝えるコミュニケーションは重要だと思います。

さまざまなことに対して、いつもきちんと自分の考えを持ち、ゆずれない軸もある。でも、頑《かたく》なになって、それを押しつけたり、ただただ強く主張するということはしません。

ある方は大きなプレッシャーがかかるプロジェクトの責任者を任され、さまざまな考えを持つ人たちをまとめていかなければならない立場であってもキリキリせず、つねに笑顔やユーモアを交えることを忘れない姿が印象的でした。

「この番組はお金がないから、みんなも節約に協力して〜！　私たちは家族みたいなもの。いまはみんなでがんばって、年末には海外ロケに行こう！」といった感じで困難をともに乗り越えてほしいという想いを伝えられると、一緒に頑張ろうと思えるものです。

自分と反対の意見があれば、その言葉をよく聞いて一度受け止めたうえで折衷案を模索する姿もたびたび見てきました。

人柄もあるかもしれませんが、感情のコントロールや部下や上司との接し方を試行錯誤して努力を重ねているのだと思います。

その経験と努力をもって、振る舞い方ひとつで自分の信念を曲げなくても想いを実現できることを、私たち後輩に教えてくださっているように感じました。

自分を偽らない、ありのままに正直でいることは、これからも変えたくない。だからこそ、自分の考えをどう伝えたり、実現していくか。異なる考え方の人とはどう話すかといったことは、まだまだ追求しなきゃ、と先輩方の振る舞いを思い出しては身を引き締める日々です。

Essence ゆるっと エッセンス

- 好きなことを公言すると、関連する出来事や情報、人が集まってくる。
- たとえ場の空気に乗れなくても、〝思ってもいないこと〟は口にしない。
- 一見、通すのが難しそうなことも、振る舞い方次第で実現できる。

私の手土産ルール

手土産を渡したり、いただいたりする機会がよくあります。

相手の顔を思い浮かべながら、「どんな手土産を持っていこうかなあ」と考えをめぐらせる時間は楽しいもの。また、「私が喜ぶかな」と選んでくださった手土産は、どんなものでもほんとうにうれしいです。

自分が手土産を購入するときには、持参する先が、どのような場なのかをまず考えます。個別包装されていたほうが配りやすいのか、その場で切り分けたほうが楽しい時間を過ごせるのか。舞台やライブであればたくさんの方が差し入れをされるので、できるだけほかの人と重ならないように気をくばります。

ただ、そういった前提をふまえたうえで、最終的に選ぶのは「自分の好きなもの」「自分が得意なジャンルの商品」です。

手土産というと、つい相手が好きなものを持って行きたくなりませんか？

私も以前はそうでした。ワインが好きな相手なら、ワインショップで店員さんのオススメを購入したり、ボトルのデザインで選んだり。自分がワインに詳しいのならいいのですが、そのような場合、自分よりも相手のほうがワインに精通しているケースがほとんどです。好きだからこそのこだわりがあったり、好き嫌いもあったりするかもしれません。珍しいワインだと思っていたものが一般に流通していたり、実はお祝いに向かない銘柄だったり……。

このことに気づいてから私は、「相手の好みに合わせるのではなく、自分が自信を持ってオススメできるもの」を持っていくようにしています。

私自身は、あんこをはじめ和菓子が大好き。和菓子は日常的に食べているからこそ、洋菓子をいただくと新鮮です。いまでは販売されているお店も増えて、有名になりましたが、BAKEの「PRESS BUTTER SAND」を初めて食べたときは感激しました。

その土地でしか手に入らないご当地ものや、なかなか予約がとれないお店の商品が喜ばれるのも、自分自身では手にとる機会が少ないから。

手土産や差し入れ、プレゼントを贈るときは、自分の得意なジャンルで、「相手にも知ってほしい」「一緒に味わいたい」という素直な思いを大事にしてもいいのでは？

ちなみに、私のお気に入りの定番手土産は、松島屋の「豆大福」、空いろの「つき」、あんやの「あんわらび」、亀十の「どら焼き」。もし、和菓子を探さなければ！という機会があれば、参考にしてみてください。

Essence
ゆるっと
エッセンス

- 贈りものは、相手の好みを気にしすぎない。
- 相手の詳しいジャンルで探すより、自分が自信を持ってオススメできるものを選ぶ。

Chapter 8 自分を決めつけたらつまらない

〝理想の私〟と違っていい

就職活動のとき、「私はどんな個性を持っているのだろう」「何が人と違うのだろう」とよく考えていました。

その結果、気づいたのは「アナウンサーを目指すうえで、何も武器と呼べるものがない」ということ。英語が話せるわけではありませんし、スポーツに詳しいわけでもありません。小さいころから続けている趣味や特技があるわけでもない。有利になると思っていた関西弁は、武器どころかマイナスポイントになってしまいました。何ひとつ、他人より突出した個性、秀でている能力は持っていないと感じていたのです。

ただ、そんな私でもアナウンサーになれました。フリーに転身し、15年以上、この仕事を続けています。それは、私の個性や特長を、いつも〝自分以外の誰か〟が見つけてくれたからです。

就職活動中に面接官から「おもしろいね」「川田さんの特長だね」と言われたことは、私にとっては特別だとは思ったことのないようなことばかり。祖父母と一緒に過ごす時間が多かった私は、若い人が知らないようなことをよく知っていました。そこが面接官に引っかかるポイントだったようです。民謡が歌えたり、ズイキなど珍しい野菜の名前を知っていたり。「ライチはレイシって呼ぶこともあるんだよ」と教えてくれたのも、おばあちゃんです。面接で「変わったことも知っているね」とたびたび褒められて、ようやく、これは私の個性なんだと自覚しました。

前述したように、人一倍あんこが好きだと気づかせてくれたのは宮根さんです。スキップの仕方が変だと知ったのも、番組スタッフや芸人さんの指摘から。自分の特長は、自分ではなかなか見えないもの。でも、目の前のことに一生懸命に取り組んでいれば、自然と他人が見つけてくれるもの、なのかもしれません。


「自分が思っている自分」と「他人から見える自分」のギャップに気づくこともあります。

私は、曲がったことが嫌いで、何でもハッキリ言う自分を知っているので、他人からも強そうな印象を持たれていると思っていました。逆風にも凜《りん》として立ち向かい、私自身も、そのイメージに近い「バリバリと働くキャリアウーマン」といった姿に憧れたこともあります。

ただ、仕事仲間や友人からは、「そんなふうに見えないよ」「もっとほんわかした感じ」「親近感がわく」という印象を伝えられることが多かったのです。私には意外な言葉でした。「ああ、そんなふうに見られているのか……」と新鮮な驚きがあり、それなら、無理して背伸びをして、バリバリと働くキャリアウーマンのイメージを目指す必要もないなと。他人が見つけてくれた個性や特長が、たとえ自分の理想と違っていたとしても、それはそれでいいと思うようになりました。

むしろ、「他人から教えてもらった自分」に出会えることがうれしい。「他人から見た自分」も「理想に近づきたいと思っている自分」も、きっと、どちらも私の一部。両方を大切にしていい。さらに「他人から見た自分」のなかから、新しい長所や好きなところを見つけられたら、もっといいですよね。

人は誰しも、魅力的なところを持っています。

有名無名にかかわらず、テレビやラジオ、街頭インタビューなどで多くの方にお話をうかがって、「個性や長所がない人はいない」と確信しています。

そもそも、時代によって、「良い」とされるものは移り変わるものですし、人の価値観も多様です。自分の個性と時代の流れ、自分と同じ場所にいる人たちに多く共有される価値観がうまく合致すればいいのですが、そうではないときも、もちろんあります。むしろ、そのほうが多いぐらいではないでしょうか。そんな流動的な価値観にあわせていくのはつらいものです。

自分が知っている自分だけでつくりあげた理想のかたちを追いかけるのもいいけれど、高く掲げすぎたり、ズレていて、かえって自分を苦しめることもあります。そんなときは、他人から「ここがいいね」「あなたはこういう特性があるね」と言われることのなかから、自分が好きになれるところを見つけて、伸ばすほうに舵を切ってみるのもいい。

「ゆずれない価値観」「大切にしたいもの」は、もちろん大事にしながら。

Essence
ゆるっと エッセンス

- 「他人から見た自分」と「理想の自分」が違っていてもいい。
- 真剣に生きていれば、「私の個性」を誰かがきっと見つけてくれる。

テクニックよりもハート！

「うまくやろうとしない。格好つけない。型にはまらない」

折にふれて、自分に言い聞かせていることです。

仕事に慣れてくると、これまでの経験だけでその場を切り抜けたり、綺麗《きれい》な言葉で取り繕ったりすることもできなくはありません。ただそれでは、人の心に残る番組はつくれませんし、何より仕事が楽しくなくなってしまいます。


読売テレビに入社して1年目のこと。新入社員はアナウンス職・一般職・技術職の同期全員で研修を受けます。テレビ局内のあらゆる部署の先輩方が仕事において大切なことを話してくださるのです。

その研修でとりわけ私の心に響いたのは、「視聴者に対して誠実であれ」という言葉。

報道番組でも情報番組でもバラエティ番組でも、スポーツ番組でも、それは変わらない、と。

いくら形だけを整えても格好よく振る舞っても、その場をやり過ごすだけの表面的な言動は見抜かれる。誰も見ていないところで取材を重ねたり、視聴者にわかりやすく届けるために言葉を工夫したり、練習したりする努力はにじみ出る。視聴者に誠実に向き合おうとする気持ちは必ず伝わると教えられました。

「誰かの1分1秒をいただいている意識」というのも、大切なことです。どこかの誰かの大切な時間を使わせてもらって私たちは仕事をしています。最後の1秒まで気を抜かないのも、できるだけ短くわかりやすく伝えるのも、ここに繋がっていると教わりました。

いまもときどき、このときの研修ノートを見返します。新しい仕事の前など少し不安になると「これは最近、忘れていたな」「これは大丈夫」と自分でチェックしながら、読んでいくのです。

このノートに書いてある駆け出しの頃に心に刻もうと努めたことの多くは、実際に仕事をしているうちに自然に染み込んでいっている気がしています。でも、日々の忙しさに流されて、すっかりしまい込んでいたり、見て見ぬふりをしてしまうことが、どうしてもあります。

だからこそ「初心に戻る」「原点に立ち返る」瞬間を意識的につくるようにしています。言い古されたことのように感じるかもしれませんが、これができるかどうかで、仕事の内容が大きく変わってくるような気がしています。

誠実に、正直に、泥臭く。テクニックよりも、まずはハートが大事。言うのは簡単ですけれど、こういうシンプルなことって、いちばん難しいのです。

Essence ゆるっと エッセンス

- 誠実に、正直に、泥臭く。
- 「初心に戻る」「原点に立ち返る」瞬間を意識的につくる。

自分の未来を考えすぎても仕方ない

なんの武器も持ち合わせていないごく普通の大学生が、アナウンサーを目指す。知り合いもほぼいない東京でフリーランスになる。

我ながら大胆なチャレンジをしてきたと思います。どの挑戦も「怖くなかった」と言ったら嘘になります。

特にフリーになるときは、仕事を失うことを想像して怖くもなりました。私がこれまでアナウンサーとして経験を積めたのは読売テレビの看板があったから。番組が終わっても、次のチャンスをもらえる局アナとはまったく違う。甘い世界ではないことは十分わかっていました。

私は、とんでもなく間違った選択をしようとしているのではないか。でも、挑戦しなかったらもっと後悔するかもしれない——。その迷いは1年以上、続きます。

信頼する先輩に、私の迷いや悩みを打ち明けたことがありました。すると、その先輩は、こう話してくれたのです。

「ああでもない、こうでもないと想像しても、その通りになるかどうかはわからないよ。川田が見ているのは少し先の未来のほんの一部。しかも、不確定なことで悩んで、いま確かにある〝挑戦したい〟気持ちを消してしまうのは、もったいないんじゃない？」

そうか、私は、わからない未来を想像して、悩んでいたんだ。チャレンジしたら、そこにはまた違う景色が広がっているかもしれない。

「もしも失敗したり、壁にぶちあたったりしたら、そこからまた始めたらいい。きっとそのときに自分なりに一生懸命考えて次の道が見えてくる。そうやってまだ見えていない枝葉にどんどん分かれていくはず」

先輩のその言葉は、いまもずっと心に残っています。

未来を予測し、リスクを回避していくことは大切です。一方で、自分が予測できること、想像できることには限度がある。怖がって一歩を踏み出さなければ、ずっとわからないいまま、知らないままです。

挑戦して失敗しても、実は、いくらでもやり直せるし引き返せる。人生何度だって、軌道修正できると信じています。

読売テレビのアナウンサーは、私が受験した当時、「およそ4000人が受験して、合格するのは1、2名」と言われていました。ものすごく狭き門のように思えます。たしかに、私がアナウンサーになれたことは幸運でした。

でも4000人のうち、本気でアナウンサーを志していた人や必死で就職試験の対策をしていた人は、どのくらいいたでしょうか。アナウンサー試験はほかの職種より早かったため、面接の練習として受ける人もいたそうです。闘わなければならないほんとうのライバルはもっと少なかったはずです。そう考えると、4000人という数字に怖気《おじけ》づいて、夢を諦めてしまったり挑戦しないのは、実にもったいないこと。

人生で、ほんとうに挑戦したいことに出会ったら、成功するための分析は大事なことですが、たくさんのデータや「世間一般に言われていること」にとらわれすぎることなく、一歩を踏み出すのがいい、と私は思っています。しない後悔ほど、取り返しのつかないものはありません。

Essence ゆるっと エッセンス

- 見えている世界はほんの一部。不確定なことで悩んでも仕方がない！
- 挑戦して失敗しても、いくらでもやり直せるし、引き返せる。

向き不向きを決めつけない

局アナ時代も、フリーになってからも、やってみたい番組やジャンルを口にしたり、アピールしたりすることはあまりありません。前に書いた、好きなことを口にするのと、これとは少し違っています。

そもそも、「どうしても自分にはこれが向いているからやりたい」というこだわりがないからかもしれません。

局アナ時代は、「川田に任せたい」と思ってもらった場所で100％の力を出し切るにはどうすればいいかを考えていました。自分に向いていることを考えるより、まずは求められることに一生懸命に取り組み、最善を尽くす。すると、不思議と新しいチャンスが舞い込んでくるのです。

「こういう番組をやったら、川田の良さが生きてくるんじゃない?」と、私の仕事を見てくれている人たちが新しいステージへと連れていってくれるのです。

フリーになって、所属することになった現在の事務所は、「川田さんはどんな仕事をやりたいですか」と聞いてくれました。フリーになれば、やりたい分野の仕事に特化していくこともできますし、イメージも自分で変えていくことができます。

しかし私は、局アナ時代と変わらず幅広くさまざまなジャンルの仕事をしたいです、と返事をしました。司会だけでなく求められることはできるだけやりたいと伝えたことを覚えています。

有難いことに、これまで司会、ゲスト出演、ラジオのパーソナリティ、CM、ナレーション、イベントなど経験のないものも含め、多岐にわたる仕事を経験させてもらっています。

自分で選ぶのではなく、オファーをいただいた番組に全力で取り組む。人を傷つける内容であったり、家族が悲しんだりするようなことでなければ、基本的に引き受けて期待に応えられるよう努めています。

番組の人選にはつくり手の思いがこめられているもの。だから、「川田に任せたい」と言ってもらえるものは、できる限り引き受けたい。

そして、「この仕事ではどの〝私〟が合っているかな」と考え、常に全体における自分の役割を探すようにしています。自分でジャンルを限定せず、向き不向きを決めつけなかったからこそ、いまの私があると感じています。

インタビューなどで「将来の目標はなんですか？」「夢はありますか？」とよく聞かれるのですが、こんな答えで申し訳ないなと思いながらも、「特にないんです」と答えています。ただ、目標がないというと、やる気がないとか前向きじゃないと誤解されて、否定的に受け取られてしまうこともあるので、その理由をできるだけ丁寧に伝えるようにしています。

遠い先の将来を考えたり、大きな目標や夢を掲げるより、私は〝いま〟に集中したい性格なのです。
いま目の前にある仕事を一生懸命に、求められた場所でひたむきにがんばっていれば、自分には思いつかなかったような未来が広がっている。そのほうが断然、「人生がおもしろくなる！」と確信しています。

Essence
ゆるっと
エッセンス

- 人を傷つけたり、家族が悲しんだりすること以外のオファーは、できる限り受ける。
- 将来の目標を固めすぎないほうが、人生はおもしろくなる！

どんな自分も否定しない

真面目な私、怠惰な私、きびきび動く私、おっちょこちょいな私、おせっかいな私、ちょっと意地悪な私、無鉄砲な私、怖がりな私……きっと誰もが、いろんな顔を持っていますよね。すべての自分を受け入れている人もいれば、好きな自分と嫌いな自分がある人もいると思います。

「幅広く求められる役割を全うすることにやりがいを感じている」と言うと、「大変じゃない？」と心配されることもあります。

私にとって、求められた役割を担うことは、無理をして誰かと同じようにしたり、背伸びすることではありません。自分のなかにもともとあった、「新しい引き出しを開ける」感覚に近いのです。

たとえば、報道番組では人に話を聞くのが大好きな自分、正義感の強い私が前面に出る。バラエティでは関西気質な自分が登場する。ロケでは好奇心旺盛な自分が前に出る。自分の想像を超える、意外性のある仕事のオファーがおもしろいのも、これまでとは違う自分を知ったり、新しい興味や関心が生まれたりといった〝発見〟があるからです。

「仕事とプライベートでは、キャラクターを使い分けたほうがいい」

「イメージをしっかりとブランディングしたほうがいい」

さまざまな意見がありますが、器用ではない私は、自分にはないものを演じることはできません。しかし、自分を深く知り、自分のなかにあるものを、表現することはできます。

以前は、仕事仲間に「川田さんは、ほんとうのところ、どんな人なのかわからない」「中身が見えない」と言われることもありました。

その頃の私は、誰も私の話に興味はないだろうと、プライベートの話をあまりしていなかったのです。それならもう少し私生活の話もしてみようと思い、「最近、自宅で豆苗《とうみょう》を育てていて……」といった完全に「わたくしごと」の雑談や、小さな悩みなども話すようにしてみました。すると、意外にも「私も家庭菜園しているよ。これがオススメだよ」などと話が広がっていきます。個人的なことには興味ないだろう、私の日々の生活の話なんて相手にとってはどうでもいいにちがいないと決めつけずに、もっと自分を出してもいいんだと知りました。

「自分から見た私」と「他人から見た私」のギャップに悩んでいるなら、いろんな「私」を出してみるといいのかもしれません。

真面目でしっかり者の面だけを人から見られがちでプレッシャーに感じているなら、家でリラックスしているときの自分のことを話してみる。「実は、今朝。こんな失敗しちゃって……」とおっちょこちょいな部分も隠す必要はありません。

つい笑いをとろうとするクセがあって、ひょうきん者としか思われていないと感じていたら、「実は読書している時間がいちばん楽しくて……」というような反対のイメージの話もしてみる。

自分のなかにある、〝いろんな私〟を否定せずに、受け入れる。そして、ほんの少し勇気を出して、人に、〝いろんな私〟を見せてみてください。

ありのままのあなたを見せても、ときに矛盾した面を出してみても、意外にも、人は受け入れてくれます。ダメなところや弱いところを、もっと見せてもいいのではないでしょうか。

Essence ゆるっと エッセンス

- どんな仕事もやってみると、自分の新しい〝引き出し〟が開く。
- 自分のなかにある〝いろんな私〟は、隠さなくていい。

Chapter 9

人生は変わっていくからおもしろい

天性の才能がなくても悩まない

幼稚園、小学校、中学校、高校と、それぞれの時代を振り返ると、人づきあいが上手なほうでは決してありませんでした。

大阪で生まれ、その後、父の転勤で名古屋、長野、札幌、小樽と移り住み、小学校入学とともにふたたび大阪に戻ってきました。友だちが次々と変わることで、みんなの輪にうまく入れずに過ごした幼少期でした。

　子どもながらに覚えているのは、転園した幼稚園のクラスメイトが、「裕美ちゃんと一緒にごはん食べたらアホになるで」と言っているのを聞いたこと。私が入ってきたことで、自分の友だちが取られてしまったら嫌だと思ったのでしょう。

　私は私で、「そんな悪口を言われるくらいなら一人でいるほうがええわ」と思っていました。こっちからお願いしてまで誰かと仲良くしたいとは思わない。同じクラスの子たちとは距離を置いて、一人で遊んだり、先生と一緒に過ごしたりしていました。

　幼稚園時代の写真を見ると、いつも怒った顔をしています。運動会や遠足など楽しい行事の写真なのに、まったく笑っていない。むすっとした表情です。みんなと楽しく過ごしたい気持ちはあったものの、友だちづくりに苦戦していたことがわかります。

　私の母は、「将来のために、努力を積み重ねなさい」という考えを持っていました。

　小学校時代は、母の言うとおりに真面目に勉強しました。一緒に教科書を読んで、母が買ってきてくれたドリルを解いて。褒められたくてがんばっていたら、どんどん成績が伸びて、勉強が楽しくなっていきます。

細かく目標を設定してクリアしていくことで得られる成功体験は、母のおかげで積むことができましたし、その甲斐《かい》あって希望の大学にも行けたと思うのですが、思春期を迎えた頃は、その反動が極端に出てきてしまい、激しい反抗期に突入……。

父は母とはまったく逆で、自由にさせて見守ろうという考え。「勉強しなさい」とも「アルバイトばかりするな」とも、何も言わない。「どうして何も言わないの?」と聞くと、「裕美のことを信用しているから」と、ひと言。この言葉は私の心にずっしりと刺さり、「裏切ってはいけない」という責任感も芽生えました。両親の接し方から、二人の想いも想像しながら、最終的には自分で考えることが大事だと教えてもらった気がします。

母からは一歩ずつ地道に努力する大切さを、父からは信頼されているからこその責任感を教えてもらった気がします。

中学や高校でも、自分の意見を曲げず、思ったことをストレートに言う性格は変わらないまま。友だちは多いわけではなく、人づきあいも決してうまくはなかったと思います。将来、アナウンサーとして、現場の雰囲気や多くの人たちの気持ちを感じとりながら進行し、発信する仕事に就くなんて想像だにしていませんでした。

そんな私が、少しずつ変わりはじめたきっかけは、就職活動でした。

何度も自己分析をするなかで、自分が一体どんな人間なのか知りたくて、ある日、母親に聞いてみたのです。「私の性格って、どう思う?」と。

すると「言葉がキツイ」「相手のことを考えずにそのまま言いすぎる」「もう少し、こちらの気持ちも考えてほしい」と、思いがけず、どんどん日頃の不満が飛び出します。そんなに我慢してくれてたんだ、と驚くと同時にハッとさせられました。

これまでは「私はこう思う」「自分で決めなくては」と自分のことばかりで、まわりの気持ちを考えてこなかったかもしれない。

この出来事をきっかけに、少しずつ、「相手はどう感じるか?」を考える機会が増えていきました。

アナウンサー試験を受けているときには、もし私が面接官なら、どういう人と一緒に働きたいかなと考えました。

フリーに転身するとき、会社に退社意向を伝えるまで次の仕事に向けて動かなかったのも、「いま一緒に働いている人たちがどう思うか」を想像したからでした。

相手の気持ちを考えることも、まわりの雰囲気を感じとることも、むかしから十分に気をつけていたわけではありません。むしろ、幼いころを振り返れば、まったく得意ではなかったのです。


社会人になって、失敗を繰り返すたびに立ち止まって考え、少しずつ「できること」を増やそうとしてきました。

だから、いまできていないことがあっても大丈夫、と思っています。

必要に迫られたり、もっとこう在りたいと思えば、人は自然と努力するようになる。その積み重ねが、〝いまの自分〟に少しずつプラスされていって、気づかないうちにまわりからの印象も変えてしまうくらい成長できているはずです。

他人との比較ではなくて、〝自分尺度〟で前進している実感を持てたら、これから先の私は、もっとパワーアップできる!と思えます。

Essence
ゆるっと エッセンス

- 子どもの頃から苦手、天性の才能がない、だからできない、なんて悩むことはない。
- 自己比較の成長に気づいてあげる。

「ほめられたらうれしい」って思っていい

知らないことはすぐ聞きたい。わからないことを後回しにしたくない。人に話を聞いたり、自宅にある百科事典を読んだり……どちらかというと知的好奇心が旺盛な子どもでした。

小学生のときは、先生と話すのが大好きで、休み時間や放課後も教室に残って先生にくっついていました。ずっと話をしていたくて、いろいろ教えてほしくて、前に一度聞いたことでも、わからないふりをして何度も教えてもらったり……。

担任の先生が別の学校に異動すると、手紙を書いて、文通をスタート。大人が書く手紙が、とても興味深かったのを覚えています。季節の挨拶から始まり、近況報告が続き、最後は「お体に気をつけて」と相手を思いやる言葉で締める。子ども同士のやりとりでは出てこない言葉に興味津々でした。

友だちの家で食べた手作りのクッキーがおいしくて、友だちのお母さんに「クッキーの作り方を教えてほしい」と頼んだこともあります。レシピを聞いて、メモをとって、まるで取材です。

そうやって新しく知ったことを妹に伝えたくて、「こんなふうにやるんだよ」「こんな言葉があるんだよ」と、先生やお母さんの真似事をよくしていました。

人から教わった知識を自分で解釈し直し、「こういうふうに伝えたら、わかりやすいかもしれない」と考えて、また誰かに伝える。その結果、「おもしろい！」「わかりやすい！」と言われると、身体の中が熱くなるほど喜びを感じた記憶があります。

いま考えると、この喜びはアナウンサーの仕事にも通じます。取材した情報を、自分というフィルターを通じて、伝えたい人に届くように工夫する。幼いころから好きだったことを、いまも夢中でやっているわけです。

誰かの役に立てていると実感できることは、自分へのご褒美のように感じます。視聴者のみなさんや仕事仲間から「おもしろかった」「ありがとう」「助かった」といった言葉をもらったとき、私は、いちばんやりがいを感じます。「朝、番組を見てから出勤すると、元気をもらえてがんばれます」と、街で声をかけてもらえたりすると、ほんの少しだけれど役に立てているかなと思えます。

ほめられたくてやっているわけではないけれど、ほめられたらうれしい。人の役に立とうなんておこがましいけれど、役に立てたらうれしい。これって、子どものときからの素直な感情です。大人になってはいるけれど、その気持ちに正直でいていいんじゃないかな、と思うのです。

Essence ゆるっと エッセンス

- 子どものときの気持ちのまま、「伝えること」「伝わること」を楽しむ。
- ほめられる、役に立てる、お礼を言われる。それがうれしいのは素直な気持ち。

自分の仕事を好きになる方法

いまでこそ、アナウンサーはほんとうに楽しい仕事だと思えますが、就職してすぐの頃は、「この仕事を選んでよかったのかな」「私には向いていないのではないか」と悩んだこともありました。

ただ、15年間続けてきて思うのは、向き不向きは自分自身では決められないということ。

そして、結果はあとからついてくる、ということです。

まずは、この仕事を選んだ自分の選択を信じて、目の前のことに没頭してみる。信頼する先輩のアドバイスを素直に受け止め、自分に合った仕事の進め方を模索してみたりしながら、経験を積んでいく。するとその先に、また違った景色が見えてきます。

人間ですから、仕事への意欲を失うときもあれば、大変で逃げたくなることもあります。

睡眠時間が少なくて、身体も心も悲鳴をあげていた時期もありました。

すると、隣の芝生が青く見えたり、もっと自分に合った仕事があるんじゃないかと考えたりしてしまうもの。

実は私も、まったく違う仕事に就いてみたいと思ったことが一度だけありました。海外留学もしたくて、資料を取り寄せていました。気になることは調べて、想像して、実際にその仕事をしている人に話を聞いて。そうしていくうちに、やはり私はアナウンサーという仕事を辞めてまで、ほかのことをしたいわけではなかったというところに落ち着きました。

ひと呼吸おいて、自分の仕事を見つめ直してみると、ほかの仕事では得られない貴重な経験をしていることに気づかされます。この仕事に就けた感謝とありがたみが、「やっぱり明日もがんばろう」と奮い立たせてくれるのです。

それは、アナウンサーという職業に限った話ではないと思います。どの仕事にもほかではできない経験があり、いま、この瞬間、この仲間だからこそ成し遂げられると思えるものがあるはずです。

人のせい、環境のせいにして、すべてを投げ出してしまうほうが楽なのかもしれません。

けれど、何かの縁があってその仕事に就いたのですから、好きになれるところや自分に合うと思えるところを模索してみると、案外発見があると思います。

自分の仕事を好きになって、職場や仕事仲間を愛せると、また新しい扉が開くはずです。

Essence
ゆるっとエッセンス

- 仕事の向き不向きは自分で決められないもの。
- 〝もっと自分に合った仕事〟をとことん探すと、いまの仕事に行きつくかも。

変わっていく自分を味わう

2019年に結婚して、翌年に男の子を出産し、一児の母になりました。

以前は、「結婚するかもしれないし、しないかもしれない。誰かと一緒に生きていくのも、一人で生きていくのも、どちらも楽しそう。実際にはどうなるんだろう」とわくわくしていました。自分の人生がどんなふうに転がっていくのか。わからないからこそ楽しみだったのです。

そういった心持ちだったので、夫と出会い、結婚するまではとても自然な流れだったように感じます。そのままの自分を受け入れてくれる人と出会い、心強い味方でいてくれて、いままでにない安心感がありました。それが結婚に繫がっていったように思います。

パートナーができて、母親にもなって、ライフスタイルは大きく変わりました。これまでは1日の大半の時間を仕事に費やしていましたが、現在は家族と過ごす時間が増えています。いちばんの変化は、自分のやりたいことと大切な人のためにすること、どちらがいまの自分にとって大事かを考えられるようになったことかもしれません。

私の考えつかないようなアイデアを出してくれる夫と、日々、目まぐるしい成長をみせる息子。どんな形であれ、自分の枠をどんどん広げてくれるような環境に身を置くのは自分自身を成長させてくれます。子育てを通じて教えられることも多く、物事の見方や心境がどんどん変わっていっています。一つの場所に留まっていることはむしろ難しく、ゆらゆらとゆれ動いていくのが人生なのかなと思います。


これまでに築いてきたキャリアをいったんストップし、産休に入ることへの不安は、少なからずありました。多くの働く女性たちが感じることだと思います。

担当していた番組を半年以上離れるのは初めての経験。ただこればかりは、仕方ない、と割り切るようにしました。出産直前までリモートで収録できるようにしてくれたり、「復帰するのを待っているよ」と言ってくれるスタッフも多く、そのありがたい言葉を信じよう、と。

復帰後に「また戻ってきてほしい」と思ってもらえるかどうかは、これまでの仕事の通信簿のようなもの。シビアですが、これまでどのように信頼関係を築いてきたか、なのです。だから、産休に入るタイミングでジタバタしても仕方がないと思えました。

考えても仕方がないことで悩まない。それが私です。


これから先もいろいろな変化があるでしょう。変化とうまくつきあっていくコツは、楽しむこと。わからないことを怖がらない。自分の心に正直に、過去や未来にとらわれず、変わっていく〝いまこの瞬間〟を一生懸命生きる。

そもそも、テレビの世界で〝想定外〟は、日常茶飯事です。

生放送で中継をしていたら一般の方から声をかけられ、番組が進まなくなったり、当初予定していたゲストが急に来られなくなったり、はたまた想定とは違うことで暴走気味に盛りあがったり……。

そんな想定外の現場に遭遇したとき、私はいつも、ふふふと笑ってしまいます。

「困ったな」「どうしよう」よりも、「おもしろい！」「これからどうなるんだろう!?」「さあ、こんなとき、私はどうする⁉」という思いのほうが先に立ちます。

アナウンサーになることも、フリーになることも、結婚することも、母になることも、すべて予測していなかった未来。でも、だからこそ、おもしろい。

これからの自分の人生も、正直、まったく想像がつきません。

どうなっていくかわからない人生って、おもしろいし、毎日が自分なりの一所懸命で満たされれば、最高です。

Essence ゆるっとエッセンス

- 自分の心に正直に、過去や未来にとらわれず、変わっていく〝いまこの瞬間〟こそ楽しい。
- 〝想定外〟は大歓迎。未来がわからないからこそ、人生はおもしろい。

おわりに

1歳になった息子との日々は、穏やかというより目まぐるしく、息子の成長に自分がついていくことで必死です。これまでの経験がほとんど活かされない、まったくもって未知の世界。参考書通りにやっても息子には当てはまらないこともあるし、なにせ人の命がかかっているので、適当にはできないのです。

仕事で行き詰まったとき、「育児よりは大変じゃないかも……」と自分に言い聞かせることも。

子育てと仕事の両立は、決して簡単なものではなく、考えることがたくさんあるし、体力的にきつく感じることもあります。

そんな中で私が心がけているのは、時間を区切ること。息子と遊ぶ時間、夫と話す時間、家事をする時間、仕事をする時間……というふうに。

仕事が詰まっているときは、かまってほしがる息子の相手をしていても、頭の中は仕事でいっぱい。けれど、それではどちらも中途半端になってしまいます。そう思ってからは、時間を区切って、息子と遊ぶときは仕事のことは考えない。

そうするようにしてからは、ずいぶん一つひとつに集中できるようになりました。

子どもって、純粋に自分の感情を表現します。好きなものには脇目もふらず突進、飽きたら次へ。甘えたいときに甘えて、気分が悪くなると怒る。そんな様子を見ていてると、羨ましいなぁと思うと同時に、忘れかけているものを思い出すような気がします。

この世に生まれてたった1年と数カ月ですが、ちゃんと個性もあります。生活環境や兄弟構成などでも、のちに大きく変わっていくのでしょうが、生まれたときからすでにひとりひとり特徴がある。それを誇りに思って、大切に守って伸ばしていってほしい。

そして、息子に対して感じることを、自分にも置き換えて考えています。思ったことをすぐに口に出してしまい、後悔したときは、「言いたいことを言えるのは良いことだから、次からは言い方を考えよう」、できない自分にイライラしたときは、「向上心がある証拠。落ち着いて、何からやればいいか整理しよう」といった感じです。

何か新しいことに挑戦したくなったとき、ぜひ「好きなこと、ワクワクすること、楽しいと心から思えること」をポイントに、範囲を広げて探してみてください。

「これは苦手だからやらない、イヤだからやめる」といったネガティブな方向からのアプローチではなく。

消去法でたどり着いたところは、本当に自分がやりたいことでしょうか。私の場合はそうでないことが多い気がします。

「好きなことを仕事に。仕事の中に好きなことを」

そうするためにしっかり準備することは大事。そして、余裕ができたら「ゆるめる」ポイントもぜひつくってみてください。

最後になりましたが、この本の制作に携わってくださったすべての方に感謝いたします。

そして、大切な時間を、この本を読むことに使ってくださった読者のみなさま、本当にありがとうございました。

2021年10月

川田裕美

川田裕美（かわた・ひろみ）

1983年、大阪府出身。フリーアナウンサー。和歌山大学経済学部卒。2006年、読売テレビに入社。『情報ライブ ミヤネ屋』『マヨブラジオ』『大阪ほんわかテレビ』『ズームイン!! SUPER』『朝生ワイド す・またん！』など幅広いジャンルの番組に出演する。

新人時代から、多くの芸能界の“大御所”らとの共演で鍛えられたコミュニケーションの反射神経で、生の報道番組からバラエティまで幅広く活躍している。その、てきぱきとした仕事ぶりの一方で、やわらかく周りを和ませる雰囲気や、スキップが苦手といったギャップも魅力。

15年3月に読売テレビを退社し、フリーに転身、東京を拠点に活動をスタートする。『すもももももも！ピーチCAFE』（読売テレビ）、『大阪人の新常識 OSAKA LOVER』（テレビ大阪）などの番組でレギュラーとして活躍するほか、ラジオパーソナリティなど活動の幅は広がりつづけている。著書に『あんことわたし―日日大あん吉日』（ぴあ）、『東京あんこ巡り』（KADOKAWA）がある。本書は初のビジネス書。

川田裕美オフィシャルブログ「Sweet Room」

https://ameblo.jp/kawata--hiromi/

ゆるめる準備《じゅんび》
場《ば》にいい流《なが》れをつくる45のヒント

2021年11月30日　第1刷発行

著　者　川田裕美
発行者　三宮博信
発行所　朝日新聞出版
〒104-8011 東京都中央区築地5-3-2
電話 03-5541-8814（編集）
03-5540-7793（販売）
印刷所　大日本印刷株式会社

Published in Japan by Asahi Shimbun Publications Inc.
ISBN 978-4-02-331951-6
定価はカバーに表示してあります。